JN087710

HIROKO NANAMI

心の力で豊かになろう

不況を吹き飛ばす7つの繁栄ビジョン

七海(ななみ)ひろこ

まえがき

この本を手に取ってくださり、本当にありがとうございます。

本書のタイトルの奥には、「心の力で豊かになれる」という確信があります。

大川隆法総裁の説かれる教えによって心を鍛え、経営哲学を実践することで人生を豊かにし、国を豊かにすることに貢献してこられた数多くの方々にお会いしてきたからです。

今まさにアメリカでは、大川総裁によってその誕生を30年以上前から〝予感〟されていたトランプ大統領が、心の力と言葉の力を使って「トランポノミクス」と呼ばれる経済政策を実現し、文字通りアメリカを再び偉大な国へと導こうとしています。

日本においても、未来は明るいと信じる「心の力」と、新しいアイデア、勤勉な努力によって、世界の理想となるような「繁栄の未来」を創っていきたいのです。

そのような願いを込めて、第一章では、2019年の参院選とそこに至るまでの活動を振り返ってみたいと思います。一緒に東京の街を走っていただくようなイメージで、気楽にお読みいただけましたらうれしいです。

第二章では、現在の活動拠点である東京を中心に、日本が世界一豊かになる繁栄ビジョンを、拙いながら夢と祈りを込めてお伝えさせていただきます。現時点での考え方の柱を知っていただき、皆さまのご意見も頂戴できましたら何よりありがたく思っております。

第三章では、恐縮ながらこれまでの人生を振り返り、神仏への信仰心と共に、なぜ政治家を志すようになったのかという原点に返らせていただきました。

執筆にあたり出来事を思い出すと、あんなこともあった、こんなこともあったと、しみじみと反省と感謝の涙があふれてきます。この本には書ききれなかった出会いやエピソード、支援者の方々の奮闘と活躍が数多くありました。この場をお借りして、すべての皆さまに心から感謝申し上げます。本当に本当にありがとうございます。

いよいよ、日本、そして東京が世界の中心となる２０２０年代がスタートしました。大海原の水平線のその先へと帆を進めていく思いで、あるいは、はるかにどこまでも高く、遮る雲なく広がる大空へと上昇していくような思いで、志を掲げ、未来の繁栄ビジョンを描いていきたいと思います。

本書を通じて、新しい時代の繁栄は、信仰心と自助努力によって創っていけると感じていただけましたら幸いです。

２０２０年１月17日　七海ひろこ

心の力で豊かになろう
不況を吹き飛ばす7つの繁栄ビジョン

CONTENTS

CONTENTS

東京の使命と繁栄ビジョン

CONTENTS

第3章 幸福実現党に使命を感じて

CONTENTS

CONTENTS

あとがき

※文中、特に著者名を明記していない書籍は原則、大川隆法著のものです。

プロローグ

私を奮い立たせる言葉

「日本の景気をよくする『打ち出の小槌』はあります！」

２０１９年の参院選において、街頭で、集会で、何度も呼びかけた言葉です。

老後の生活には、公的年金以外に２千万円が必要だとする「老後資金２千万円問題」が連日報道され、出会う多くの人が将来への不安を口にされていた時期。この不況を吹き飛ばしたい。希望の未来は私たちの努力によって創っていけることを伝えたい。祈るような思いで、日本を豊かにする〝一手〟はあるんだと、打ち出の小槌を振り続けました。

「トランポノミクス」を日本で実現したい

参院選の公示を目の前にした6月下旬、大川隆法総裁の『黒帯英語十段③』（宗教法人幸福の科学刊）の原稿を手にしました。それは、トランプ大統領の経済政策ブレーンであるスティーブン・ムーア氏とアーサー・B・ラッファー氏の共著『TRUMPONOMICS（トランポノミクス）』の一部抜粋。私は線を引きながら夢中で読みました。

そこには、減税と規制緩和、そして成長戦略といった、幸福実現党が２００９年の立党以来訴えてきた経済政策を実行したトランプ政権のドラマが描かれていました。アメリカでは、幸福実現党が掲げる経済政策で、雇用を回復させ、所得を増やすという成果が現実に現れてきています。ここに参院選で伝えなければならないことがある。そう確信し、幸福の科学出版の月刊誌「ザ・リバティ」２０１９年６月号に掲載されたスティーブン・ムーア氏のインタビュー記事の内容と共に、減税による経済成長を訴えました。

「トランプ政権の経済ブレーンをされているスティーブン・ムーア氏が『10％への増税は、恐るべきアイデアであり、最悪の選択です。日本経済は成長していない上に増税したら、経済成長を取り戻すことはできなくなる』と言われています。日本が今すべきことは、消費税と法人税の減税です」

駅前でそう演説しても、道行く人たちは立ち止まってくれません。

「増税はもう決まったことだから仕方ない」というあきらめも世の中を覆っていました。「子供たちの代が心配だから、増税は仕方ない」とおっしゃる方には、「増税したら景気が悪くなり、税収も増えない。今必要なのは減税です」とお話ししました。なかには、「その通りだよ」「頼むから減税してくれよ」と思いを託してくださる方もいらっしゃって、心強く思ったものです。

しかし、私たちの減税の主張は十分に届かず、得票にはつながりませんでした。

政治家の意志の力

２０１９年末、前述した『TRUMPONOMICS（トランポノミクス）』の邦訳が幸福の科学出版から発刊されました。

この本を読み始めてすぐ、20ページ目から泣かされてしまいました。

経済ブレーンたちから、減税、規制緩和、エネルギーの国産政策を実行すれば3％から4％の経済成長を取り戻せるとアドバイスをされたトランプ大統領がその話を遮って、こう言うのです。

「私は、5％の経済成長にしたいんだ」

そのくだりに雷が走ったような衝撃を受け、何度も何度も読み返し、これが夢を描いて実現していく政治家の理想の姿だと、魂に刻み込んでいきました。

スティーブン・ムーア氏が訳者の藤井幹久さんのインタビューに対し、「日本が減税と規制緩和のトランポノミクスを実行すれば、2％、3％の成長ではなく、それ以上の経済成長が可能です」と言われたことも衝撃的でした。

現状維持の低成長社会をどう生き渡っていくかを考えるだけなら、そもそも政治家なんて必要ありません。日本経済を復活させて世界一を目指すという理想があるからこそ、Think Big（スィンク ビッグ）に発想し、創造的になることができます。心の力で大きな繁栄の夢を描いてこそ、その実現に向けて努力することができるのです。

日本が繁栄するための旗印は、「減税」と「規制緩和」です。これは、政府が力を増大させるのではなく、民間の可能性を信じ、民間の力を最大限に引き出す「小さな政府」を目指す政策です。一人ひとりの魂に宿った神性、仏性を信じる宗教政党であり、責任ある自由と繁栄を求める幸福実現党だからこそ実現できると確信しています。

このトランポノミクスを日本においても実現したい。そして「東京版トランポノミクス」を実現してみたい。日本と世界の未来を変え、精神的にも経済的にも豊かになれる繁栄の時代を創りたい。これが私の今の夢です。

失敗して、立ち上がる

若い学生の皆さんに「どうしてそんなに戦い続けられるのですか」と聞かれることもあります。

選挙戦で負ける度に悔しく申し訳なく、日々の街頭演説やごあいさつでも毎回「もっとこう言えば伝わったかな」という思いばかり。うまく話ができなかったなと思うと、よく眠れないこともしばしばです。今のままではとてもではないけれども満足できない。このままでは応援してくださる方に申し訳ない。不完全燃焼感が〝次へのエネルギー〟になります。

支えてくださっている皆さまの存在と共に、私を奮い立たせる大川総裁の言葉があります。

You have many sufferings.（多くの苦しみがあるでしょう）
But be strong.（されど、強くありなさい）
Be brave.（勇敢でありなさい）
Be positive in your life.（人生に対し積極的でありなさい）
Be powerful.（力強くありなさい）
Be constructive.（建設的でありなさい）
Go ahead and ahead.（前へ前へと進んでゆきなさい）

これは、２００７年にハワイにて行われた〝Be Positive（ビー ポジティブ）〟という、海外講演の一節です。

大川総裁は私たちの人生に苦しみや悲しみが満ちていることを、すべて分かってくださっているのです。されど、「強くあれ」と呼びかけてくださいます。「勇敢であれ」「積極的であれ」と、私たちの魂に光を示してくださいます。

本当は政治なんてやりたくないのに、やらされているんだろうと言われることもあります。しかし、心身共に砕け散りそうになりながら敗北を重ねてもなお戦うなど、やらされてできることでは到底ありません。ましてや自分のためになど、なおさらやっていられるものではないでしょう。

心にはいつも、大川総裁の次の言葉が響いています。

「朝の来ない夜はない。」
「日本の繁栄は、絶対に揺るがない。」

「繁栄」にこだわり、2020年以降の繁栄の舞台が「日本」であることにこだわって、この10年間活動してきました。国会の議席を得ることは未だできておらず、その不甲斐なさに消え入りそうな気持ちにもなります。

しかし、多くの方々は、今の政治に辟易しています。選択肢がないなかで、消極的に〝まし〟だと思える既存の政党に投票されながら、このままではいけないと日本の行く末を案じていらっしゃるのです。

また2019年参院選の投票率は48・8％で、戦後2番目に低くなりました。国民の半数以上が投票に行かず、政治をあきらめてしまっているのです。

この状況を打破するには、一つは既存政党が革命的に変わること。もしくは、革命的に現状を打ち破っていく政党が現れて、日本の政治を前後際断し、明るい未来を創造していくしかありません。

そう、これは政治の革命なのです。

幸福実現党は立党から10年が経ち、公認の地方議員は39人（2020年1月末現在）誕生、党員議員も活動しています。国政にどうしてまだ届かないんだという無数のお叱りに対しては、努力も実力も、すべてが至っておらず申し訳ないとお詫びをするしかありません。

それでも、志を崩さず10年戦い続けた姿を見て、信用してくださる方もいらっしゃいます。こうして、戦い続けることができるのは、幸福実現党と共に前進し続けてくださった支援者の皆さまがあってこそです。

２０２０年からの未来には、中国経済の崩壊や日本の経済危機、アジアや中東での戦争の可能性等、多くの困難も予想されています。東京オリンピック・パラリンピックの開催に沸く日本ですが、このままの政治で乗り切れるほど甘い未来ではないと考えられます。だからこそ、幸福実現党が闇夜の海を照らす光の灯台として、使命を果たさなければならないのです。

日本の政治を今変えなければ、日本が発展途上国へと転落していくのを止めることができない。そう思うと、なんとしてでも戦い続け、日本の繁栄を守らなければと不屈の闘志が湧いてきます。力足らずですが、どうか私の人生をお使いくださいと、地にひざまずき、天を仰ぎ祈る思いです。

日本の明るい未来を信じて、そしてその未来創造の主役は自分たちであることを信じて、全国の同志の皆さま、支援者の皆さまと心をひとつに日本発の繁栄の黄金時代を切り開くため、人生をかけていく決意です。

本書で参院選における戦いを振り返るなかで、皆さまに感謝をお伝えしたいと思います。

第1章 「繁栄の敵」共産主義を打ち破る

1. 香港革命への支援

２０１９年の参院選は私にとって5回目の選挙であり、初めて東京選挙区からの出馬となりました。

幸福実現党にとっても10年目の節目の戦いであり、「未来をかけた戦い」を合言葉に必死で活動をしてきました。

３月22日には、党本部のある赤坂にて党員・支援者の皆さまと決起大会を開催。参院選勝利へと気勢を上げ、東京都庁で出馬の記者会見に臨みます。

東京を輝かせ、日本を世界のリーダー国家として繁栄させていく決意を語った記者会見。翌3月23日の朝日新聞には「参院選では国防の強化や消費税減税などを訴えるといい、『チャンスのあふれる社会をつくる』と話した」と報道されました。

香港の自由を守るために声をあげる

参院選に向けて幸福実現党の立党の原点である減税や国防政策を訴える日々のなか、香港で衝撃的な出来事が起きました。「逃亡犯条例改正案」の議論をきっかけとして、若者を中心に自由をかけた戦いが始まったのです。

香港が中国に返還された1997年には、「50年間は一国二制度を保障する」とされ、中国本土とは異なる高度な自治を約束されていました。ところがこの約束が反故にされ、言論の自由も報道の自由も、民主的な選挙もない共産党一党独裁の中国に、香港が飲み込まれようとしていたのです。

6月9日に100万人規模の民主化デモが起きた直後、幸福実現党としても、すぐに香港の民主活動家たちを支援する街頭演説を行い、日本政府に対して「自由と民主主義を守る行動を求める要望書」の提出や、沖縄と東京でのデモ行進も開催しました。

その後、香港デモは200万人規模に拡大。自由と民主主義を守ろうという香港市民たちの熱が高まるにつれ、それを抑圧しようとする北京政府の動きも強くなっていきます。

私も、「日本から、香港の自由と民主主義を守る声をあげよう」「香港の自由を守ろう」と訴えました。

このような訴えをすると、「日本に関係があるの？」「内政干渉なんじゃないの」という反応もあります。

しかし、人権問題について声を上げることは、内政干渉にはあたりません。人権弾圧に見て見ぬふりをするのは、非人道的な行為だというのが、国際社会における常識です。国連や日本の外務省も、人権弾圧は、国際社会が非難して止めるべきだというスタンスを取っています。

ウイグルでは100万人とも、200万人とも言われる罪のない人が、イスラム教徒であるというだけで強制収容所に入れられ、家族と連絡を取ることを許されず、信仰を捨てさせられています。さらには、無実の彼らから臓器を取り出し、臓器移植が必要な人たちに売っているという調査も明らかにされています。中国の人権弾圧に対しては、各国から非難の声があがりつつあります。

このように自由や生命を奪われている人たちの存在を知りながらも何もしないことは、神仏がご覧になったら、正義に反するのではないでしょうか。

ウイグルやチベット、内モンゴルが中国共産党によって国を奪われ人権を弾圧されている厳しい現状をまずは知っていただき、正義の声をあげる人たちが一人でも増えることを願っています。

また、日本と関係ないという声に対しては、「今日の香港は、明日の台湾、明後日の日本」とお伝えしています。香港警察による市民への暴力は日に日にひどくなっており、実弾発砲にも至りましたが、香港警察の背後に中国共産党がいるのは明らかであり、これを放置すれば中国の覇権主義をのさばらせることになります。中国が「核心的利益」と称する台湾を飲み込めば、香港・台湾と目と鼻の先にある沖縄、日本にとっての国防上の危機につながりかねません。

そもそも香港や台湾には、日本人も多く住み、仕事をしています。香港や台湾から自由を奪われるということは、そこに住んでいる日本人の言論の自由、経済活動の自由も奪われかねないのです。

国内の政治問題も山積していますが、多くの人が国際政治のなかを生きている状況では、政治家は世界で起きていることにも関心と解決案を持たなくてはいけないと思います。

「香港のために戦ってくれてありがとう」

「内政干渉だ」と反対の声があがる一方で、私たちの情熱を応援してくださる方も確実にいらっしゃいました。

赤坂にて「香港を守れ！」というボードを掲げて街宣していた時には、いったんは通り過ぎた子連れの男性がわざわざ戻ってきてくれて「絶対、君に入れるから」と言ってくださいました。

溜池山王では、香港応援の演説の様子を真剣な表情で動画を撮っている若い女性もいました。話しかけると、中国から来て、今は日本に住んでいると言います。「私、天安門事件のこと知ってる。香港で起きていること、よく分かる」と、少し訛りのある日本語でとつとつと語り、「頑張ってください。よろしくお願いします」と涙ぐみながら何度も頭を下げられました。

また、香港から来たという女の子が「日本、本当によいところだね。香港のために戦ってくれて、ありがとう、ありがとう」と声をかけてくれたのです。

選挙後も過熱する香港デモの様子にいてもたってもいられず街頭に立ち、「光復香港 時代革命」という香港の方々が自由と民主主義を求めて声を合わせる歌を何度も繰り返し聴きながら、同じ気持ちで戦いたいと感じていました。

香港でも、キリスト教の牧師の方々が率先して声をあげ、デモ参加者たちを守っています。自由を守る最後の砦は宗教なのだと、ひしひしと感じます。

日本の応援メッセージが、香港にも、中国本土にも届いてほしいと願わずにはいられません。

幸福の科学グループの若者たち

日本の若い人たちにも香港の現状を知ってもらいたいと、街頭では学生の皆さんに向けても演説しました。

「香港では学生たちが『このままだと、香港が香港でなくなってしまう』という危機感を持って立ち上がっています。雨傘革命は自由な選挙を求めて始まりました。選挙権があるということは当たり前ではなく、日本でも世界の歴史においても、命懸けで勝ち取ってきた権利です」

「香港市民の7人に1人が集まって民主化を訴えるという一大ムーブメントが、日本のすぐ近くで起きています。こうしたことに無関心では、日本は世界から取り残されてしまいます。だから、まずは知ってください」と訴えました。

そんな時、幸福実現党の支持母体である幸福の科学グループの学生・青年たちが立ち上がりました。

彼らはいくつかのチームに分かれて山手線の各駅で香港の現状を訴えて回りました。英語が得意な学生も多く、日本に来ている外国の人たちにも、「香港を応援しよう」と呼びかけたのです。そして最後に渋谷のスクランブル交差点で合流し、共に演説をしました。

顔を出して正論を訴え、それを英語で世界に発信しようという若い人たちがたくさんいることに大きな希望を感じます。

しかし、この活動は、マスコミではまったく報じられませんでした。取り上げたのは、幸福の科学グループの月刊誌「ザ・リバティ」のみです。

一方、SEALDsという若者団体が香港への応援メッセージを出していた時には、その様子を朝日新聞が報じていました。しかし、報道写真を見る限り、幸福の科学グループの学生・青年の活動のほうが規模が大きく、メッセージ性もありました。

そもそも、SEALDsは香港の民主化運動の本質を理解しているのか疑問です。彼らは集団的自衛権の限定行使を認める安保法制に反対していました。この安保法制は、日米同盟を強化し、中国の覇権主義に対抗する意図があるものでしたが、これに反対しておきながら、独裁国家・中国に必死に抵抗しようとしている香港の民主活動を応援するというのは、正義とは何かが分かっていないのではないかという悲しさを覚えます。

さらに、それを朝日新聞が取り上げる様子を見て、「マスコミは国際政治に対しての見識があまりにも欠けているのではないか」という気持ちになりました。

「香港革命」成就のために

日本で報道が増える前の、６月段階から香港について声をあげ続けていたことは、私たちのささやかな誇りでもあります。

参院選の最中にも関わらず、香港の民主化運動の本質を「自由を求める革命なのだ」と応援していた政党は日本では他にはなかったのではないでしょうか。こうしたところにも、票のためやポピュリズムで動くことのない幸福実現党の先見性と信念が表れているといえます。

参院選後も、「香港革命」を支援するために日本政府に動いていただきたいと、各区で活動する幸福実現党の党員と連携し、東京都や都議会をはじめとして、都内各自治体への陳情活動を続けました。議員のなかには、「中国を視察した際に、テレビで香港デモの様子が映るとブラックアウトしたんです。中国は恐ろしい国だと思ったね」と共感してくださる方や、「中国議連に入っている議員は、香港を守ろうという陳情には賛成しにくいんだ」と内情を教えてくださる議員もいらっしゃいました。

11月末にはアメリカで「香港人権・民主主義法」が成立。香港区議選においても、過去最高の投票率のなか、親中派は298議席から59議席と、大幅に議席を減らし、民主派が385議席を獲得して85％を超える圧勝をおさめました（注）。

これらの直前には、中国共産党によるウイグル弾圧についての内部文書がリークされ、習近平国家主席のヒトラーのような残虐さと、中国共産党の内部分裂が明らかとなりました。中国共産党の崩壊は時間の問題であり、日本はその事態に経済的にも政治的にも対応していかなければなりません。また、唯物論・無神論国家であり、情け容赦なく人権弾圧をする習主席を国賓待遇で迎えるような愚かなことは、決してしてはならないと考えています。

（注）香港のネットメディア「香港01」による。

真に香港革命が成就する日は、中国が民主化する日です。その日まで、声をあげ続けていきたいと思います。

台湾新聞社への表敬訪問

香港の問題は台湾の問題でもあります。香港が中国に飲み込まれれば、次は台湾に危機が及ぶからです。

支援者の方の紹介で、東京・豊島区にある台湾新聞社にも表敬訪問させていただきました。

ごあいさつのあと「台湾を国家として認め、国交回復を図る」「日台関係基本法を制定し、台湾との関係を強化する」「日台ＦＴＡを締結して経済関係を強化する」「台湾の国連加盟を後押しする」といった、幸福実現党の台湾政策をお伝えしました。

女性社長は「台湾についてそんなにはっきりと政策を打ち出している政党があるなんて。これからも貴政党の政策を尊重し、紙面に反映させていきたい」と大いに賛同してくださいました。

台湾の人々が中国の脅威から台湾を守ろうとしていることを改めて知り、アジアの平和のために幸福実現党が飛躍すべきだとの使命感を新たにしました。

2020年1月11日の総統選では、「台湾は本来、独立主権国家である」として、中国共産党の圧力に屈しないことを訴えた民進党の蔡英文総統が、国民党の韓国瑜(かんこくゆ)候補に大差をつけて再選されました。中国共産党の恐怖による支配を世界に知らせた香港革命の影響でもあったでしょう。

早くも中国側は一国二制度による台湾統一を主張していますが、日本は親日国台湾を守るため、速やかに台湾との関係を密にする必要があると思います。

2. 東京を走り回った日々

「打ち出の小槌」を振って

２０１９年７月４日、いよいよ選挙戦スタートです。

選挙戦最初の街頭演説、いわゆる「第一声」は、東京を皮切りに全国遊説に向かう釈量子党首と共に東京・有楽町駅前にて行いました。銀座・有楽町は幸福実現党が立党した際の党本部が

豊かさの象徴「打ち出の小槌」を振っての街頭演説。

あった、大切な始まりの地です。

ちょうど公示日の11日前、安倍首相が「打ち出の小槌はない」と発言したという話が報道されており、なんて貧乏神のような発言をしているんだと憤っていました。未来に希望を感じられないその言葉を吹き飛ばしたく、「年金問題をも解決する打ち出の小槌はあります。それが、減税です。規制緩和です」と左手を空に掲げました。気持ちの上では、東京の空高くから黄金の金貨が果てしなく降ってくるのが見えるような、そんな思いで見えない打ち出の小槌を振りました。

選挙戦三日目には、見えないけれども振っているつもりだった「打ち出の小槌」が実際に届けられました。以来、街頭演説で打ち出の小槌を振るスタイルが定着。まるでハンマーを振り回しているようだと笑ってくださる支援者の方もいらっしゃいましたが、打ち出の小槌のメッセージは、富は増やせるという未来への希望です。

雨ばかりの選挙戦

通常、夏に行われる参院選は、暑さとの戦いになりますが、２０１９年は雨との戦いでした。

雨が降ると道行く人たちも傘で手がふさがっているため、チラシの受け取り率はあまりよくありません。また、チラシを渡そうとしても、雨でどんどん濡れていきます。スタッフやボランティアの皆さまの背中もびしょびしょです。

移動中の車内では、濡れたチラシを広げて必死に乾かしたこともありました。「風邪をひかないようにね」とよく声を掛け合ったものです。

古来より、天変地異には「天」や「神」の意図があると考えられてきましたが、

雨の中、道行く人たちにチラシを渡して政策を訴える。

今回の選挙期間中にずっと雨が降り続き、太陽が隠れていたこと自体、ひとつの「神意」だったのではないかと感じます。

実際、選挙期間中は、厳しい未来を引き寄せてしまう他党の政策や、それに流れていくマスコミ報道や世論に反転攻勢をかけて戦っているような気持ちがありました。

支援者の皆さまに支えられて

そんななか、本当にありがたいのは、選挙戦を支えてくださる多くの皆さまの存在です。

今日一日、どのように街宣車を動かすかという細かいローテーションや段取りを組んでくださっているスタッフ、ドライバーさんやウグイス嬢のボランティアの方々、事務所や自宅で投票依頼の電話掛けをしてくださっている皆さま。事務所では、電話対応や後援会の皆さまの投票依頼をまとめてくださる方々もいます。こうした、数限りないすさまじい努力があって選挙運動は成り立っています。

東京・板橋の商店街で、歩きながら道行く人たちにごあいさつしていた時のことです。

いわゆる「練り歩き」と呼ばれる活動ですが、私は、有権者の皆さまがちょっと目を合わせてくださったり、反応してくださったりすると、直接握手してごあいさつしたいと思い、駆け寄ることがよくあります。

その日は朝から雨が降っていましたが、いつものようについダッシュしたら、濡れた道で滑って、思い切り転んでしまいました。「膝から少し血が出ているけど大したことはないな」と、再び走り始めましたが、派手に転んだ私の姿に周りは大騒ぎ。

次の活動場所へと移動する際に、支援者の方が包帯や消毒液、大きなばんそうこう、冷却材などのグッズを用意してくださいました。

私が思っている以上に皆さまが私の体を気遣ってくださり、まるで家族のように心配してくれる方々の思いに直接触れた出来事でした。

練馬区では、平日の早朝から地元の女性支援者たちが集まり、あいさつ活動をしてくださいます。ご主人やお子様を送り出す準備をしなくてはいけない平日の朝に、自主的に集まって活動してくださる皆さまの姿に、涙が出そうでした。

朝から元気な声で「減税の幸福実現党です！」とあいさつをしてくださる女性支援者の姿に、通りかかったご高齢の男性が足を止め、「減税を訴えている政党なのか。それなら応援する」と、その場で党員になってくださったこともありました。

骨折を押して支持者回りをしてくださった葛飾区の支援者の方もいます。

ある日、約束の場所に向かうと、足にはぐるぐると包帯が巻かれています。「どうしたのですか？」と伺うと「いやあ……。ポスターを貼っていたら、ちょっと足を滑らせて骨折しちゃったんです」とおっしゃるではありませんか。「でも、もう大丈夫ですから」と笑顔で返してくださいましたが、骨を折って大丈夫なはずはありません。文字通り「命懸けの活動」をしてくださる姿に触れ、「どんな言い訳もするまい」と背筋が伸びる思いです。

団地を昇って降りて

ポスター掲示のお許しをくださる方に感謝を込めて。

支援者の皆さまに支えられながら、私自身も「増税や軽減税率適用に突き進む日本を何とか止めたい」「幸福実現党という新しい選択肢を知っていただきたい」という気持ちで戦う日々。

選挙前には、午前、午後、夜と一日を3タームに分けて、それぞれ地域を回り、炎天下や雪の舞うなかで支持者訪問や辻立ちをしたり、ミニ集会でごあいさつをしたり、ポスターを貼ったりと、皆さまと一緒に汗を流し活動させていただきました。

SNS上で告知した、2019年参院選挙中のある一日のスケジュール。

選挙運動期間に入ると、一人でも多くの人に思いを伝え、直接握手ができるようにと、多い時は一日に20カ所くらい予定を入れて回ったこともありました。東京は広く、人口は多く、お一人おひとりに直接会って握手ができるチャンスは一瞬です。「一期一会（いちごいちえ）」だと思って、集会や街頭でのふれあいを大切にしました。時には、必死に握手をしすぎて、「力が強くてびっくりした」などと言われながらも、集いや演説の後には全員と握手し、丁寧にごあいさつをして、ご意見をくださる方の話をお聞きして……などと繰り返しているうちについつい長引いてしまい、食事をとらないまま次の約束の場所に向かうこともよくありました。

政治活動中から一緒に支持者回りをしてくれた、ＨＳ政経塾生のＭさんが「あと6分あります！」と、電車を待つ間に売店でおにぎりを買い、駅のホームで一緒にほおばったりしたことも、一度や二度ではありません。

立川で、日野で、青山で、都内各地でエレベーターのない団地を訪問することもあります。何棟もある団地を行ったり来たり、階段を昇ったり降りたりして、ごあいさつ回りをすることもありました。

親よりも年上の60代や70代などの人生のベテランの皆さま方が、限られた時間の中で、いかにご自身の知り合いを私に会わせることができるかを考えて細かく段取りをしてくださり、時に息を切らして踊り場で足を休めながら一緒に階段を駆け上がってくださいます。そのお姿は、幸福実現党に政治を託していただけたら必ず日本はよくなるという自信と確信、未来への責任感に満ち、知り合いみんなの悩みをなくしたいという地上に降りた天使そのものに見えました。

支援者の皆さまは、幸福実現党の理念に共鳴しているからこそ支えてくださっているのだと常に感じています。ですから、「公の戦い」であり、「みんなの戦い」であることを忘れてはいけないと肝に銘じています。

3. 街宣活動で出会った人たち

社会保障政策に警鐘を鳴らすノルウェー人

街頭で演説をしていると、本当にさまざまな人に出会います。

渋谷で街宣をしていた時には、日本在住のノルウェー人の男女から声をかけられました。「社会保障を拡大させすぎると、国民の税金や保険料の負担が増え、お金を分配する政府の力が強くなってしまい、国民の自由がなくな

時には手づくりのプラカードを持って訴える。

る」「福祉国家の理想と思われているスウェーデンでも減税が始まっている」と街宣活動で主張していたところ、興味を持ってくれたようです。

街宣が終わったタイミングで話をすると「日本は、北欧みたいな福祉国家を目指そうとしているけれど、日本と北欧では国の規模が違うから、同じようにはできないよ」と、日本のことを心配してくれました。

ノルウェーといえば、日本では福祉が充実した理想的な国のように紹介されることも多くあります。私も北欧4カ国を訪れたときに、子育てなど福祉の充実を説明されたことを覚えています。しかし、最近ではスウェーデンが富裕税を廃止し高所得者層の減税を行うなど、国民の負担を減らそうとしています。

福祉の充実といえば聞こえはいいですが、結局はそれを負担するのは私たち国民です。収入の多くを税金で取られ、政府がゆりかごから墓場まで面倒を見てくれるという、自由も主体性もない社会になってよいのか、私たち日本人一人ひとりが胸に手を当てて考えなくてはなりません。世界のリーダー国家を目指す日本のモデルは、国の経済規模も人口も日本よりずっと小さい北欧諸国ではないのだと、政治家は勇気を持って示す必要があると思うのです。

巣鴨地蔵通り商店街で練り歩きをした際には、80代の女性が涙を流しながら「日本が大変なのにこんなに長生きしてしまって本当にごめんなさいね。私たちが長生きするから、若い人たちが困っていると思います。本当にごめんね」とおっしゃるのです。私ももらい泣きしながら、「若い人たちがしっかり稼げる日本にしますから、どうか長生きしてください」と言うしかありませんでした。

経済成長を伴わない福祉の充実は、世代間格差や対立を招くことになります。

今の日本をつくってきてくださった世代にそんなふうに思わせてはいけないと決意を新たにしました。

共産党批判で共鳴

赤坂見附で消費税の減税を訴えていた時には、チラシを受け取ってくださった男性から「お前ら共産党と同じこと言ってるのか。俺は共産党が大嫌いなんだ」とすごい剣幕で怒鳴られました。

そこで「私たちは共産党とは全く違います！　共産党は消費税の減税を訴えていますが、法人税や所得税を増やし、富裕税までつくってお金持ちから取ろうとしている増税政党です。でも、私たちは消費税だけではなくて、すべての税金を減らして、自由にお金を使うことで景気を良くして、みんなを豊かにしたいと思っているんです。自由を拡大したいんです」と説明すると「そうか。共産党とは違うんだな。分かった」と、納得して去っていかれました。

その後、赤坂サカス前で偶然にもその男性と再会。すると今度は人が変わったような笑顔で「応援するからな！」と寄ってきてくださいました。

同じく「消費税減税」を訴えていても、政治哲学は違うのだということを丁寧に説明をして、ご理解いただかなくてはと思います。

軽減税率ははばかげている

選挙中には、消費税増税と共に導入される軽減税率についてアピールする政党もありました。しかし、大田区や品川区、足立区の商店街、小平市の商店街などを訪問して回り、消費税増税反対署名をいただいていると、「軽減税率って本当にばかげていると思うよ」「軽減税率に対応する余裕なんてうちの店にはないよ」というお声に数多く出会いました。

「キャッシュレス化って言うけど、うちのお客さんはみんな現金だよ」とキャ

郵便はがき

料金受取人払郵便

赤坂局承認

7468

差出有効期間
2021年10月
31日まで
(切手不要)

1 0 7 - 8 7 9 0

112

東京都港区赤坂2丁目10−8
幸福の科学出版（株）
愛読者アンケート係 行

ご購読ありがとうございました。お手数ですが、今回ご購読いただいた書籍名をご記入ください。

書籍名

フリガナ お名前	男・女	歳
ご住所 〒 都道府県		
お電話（ ） —		
e-mail アドレス		
ご職業 ①会社員 ②会社役員 ③経営者 ④公務員 ⑤教員・研究者 ⑥自営業 ⑦主婦 ⑧学生 ⑨パート・アルバイト ⑩他（ ）		
今後、弊社の新刊案内などをお送りしてもよろしいですか？（はい・いいえ）		

愛読者プレゼント☆アンケート

ご購読ありがとうございました。
今後の参考とさせていただきますので、下記の質問にお答えください。
抽選で幸福の科学出版の書籍・雑誌をプレゼント致します。
（発表は発送をもってかえさせていただきます）

1 本書をどのようにお知りになりましたか？

① 新聞広告を見て ［新聞名： ］
② ネット広告を見て［ウェブサイト名： ］
③ 書店で見て ④ ネット書店で見て ⑤ 幸福の科学出版のウェブサイト
⑥ 人に勧められて ⑦ 幸福の科学の小冊子 ⑧ 月刊「ザ・リバティ」
⑨ 月刊「アー・ユー・ハッピー？」 ⑩ ラジオ番組「天使のモーニングコール」
⑪ その他（ ）

2 本書をお読みになったご感想をお書きください。

3 今後読みたいテーマなどがありましたら、お書きください。

ご感想を匿名にて広告等に掲載させていただくことがございます。ご記入いただきました個人情報については、同意なく他の目的で使用することはございません。

ご協力ありがとうございました！

ッシュレス対応への不安と混乱を口にする経営者もいらっしゃいます。

軽減税率は複雑で、小売店や飲食店に過度の負担を強いる制度です。消費者としては、飲食料品の８％据え置きは増税感が薄まり助かる面もあるかもしれません。公明党は負担軽減とその実現を手柄のように喧伝していますが、中小零細企業の負担を増大させ日本全体を不景気にしているのです。弱い立場の味方なんかではありません。

また、「ヨーロッパでは軽減税率が適用されているんでしょ？」とよく言われますが、先ほどの北欧で言えば、デンマークでは軽減税率は導入されてはいません。徴税コストがかかり、どの品目に適用するかを決めるのも難しく、税制が歪むからです。最大の福祉は、シンプルで公平な減税なのです。日本の軽減税率についても、決断は今からでも遅くはありません。一刻も早く撤回すべきだと思います。

「議員を減らしてくれ」

この参院選で印象的だったのは、有権者の皆さまに「政治に何を期待されますか」と伺った際、「何も期待してないよ」「議員を減らしてくれ」と何度も言われたことです。どれだけ政治が人々を失望させているのか。政治を変えないと、この国の未来は危ないと真剣に思いました。

立川でお会いした中小企業の経営者には、「政治家には何もしないでもらいたいよ」と呆れ顔で言われました。厳しいけれども、おっしゃる通りだとも思います。増税に加え、負担が付きまとう軽減税率の導入、不祥事に汚職……今の政治家がやっていることは、国民の幸福や、やる気を奪うことばかりです。

大川隆法総裁は、参院選を前に「夢は尽きない」「君たちの民主主義は間違っていないか。」と題した釈党首との対談のなかで、議員定数の削減や「増税するくらいなら二重行政になっている内閣府をなくせばいい」という提言をされました。国民の苦しみ、願いを一番深く理解し、ズバッと切り込まれる総裁のありがたさをひしひしと感じました。

宝探しのような出会い

杉並区の商店街であいさつをしていた時には、なんと私が2016年の参院選に出馬した時のビラを持って会いに来てくださった方がいました。商店街で街宣を行うことはツイッターで告知していたのですが、わざわざその時間に合わせて訪ねてきてくれたのです。

板橋区にある高島平の駅でも、「ツイッターを見て、仕事を早めに切り上げて、ここに来ました。家族で4票あるので入れます」というビジネスマンに出会いました。

新宿区の飯田橋にも、３年前のビラを持って来てくださったＫさんが。懐かしい顔に力が湧いてきます。

また、高田馬場では「全部の政見放送を見比べて、幸福実現党しかないと思いました」と声をかけてきてくれた青年も。

青梅線の河辺(かべ)には、早朝に家を出て応援に来てくださった若者もいました。ツイッターでしかやりとりしていませんでしたが、実際にお会いすると優しくきれいな目をした方でした。

支援していただくためには日頃の活動を継続し、報告することが何より大切だと痛感します。

新御茶ノ水での朝一の街頭演説には、新潟から夜行バスで応援に来てくださったＴさんもいます。３年前の都知事選をきっかけに幸福実現党を知ったというＴ

さんは、今は釈党首の大ファンであり幸福実現党のPRレディです。都内の友人に幸福実現党の魅力を熱心に伝えたら投票してくれた、という涙の出る話も伝えてくれました。

政治活動をしていてありがたいのは、私を通じて幸福実現党を知り、幸福の科学を知り、大川総裁の考えは素晴らしいねと、ファンになってくださる方がいらっしゃることです。幸福実現党を背負っているんだと気を引き締め、宝探しのような出会いを続けていきます。

天使のような子供たち

街頭では、ママである支援者の皆さまが連れてきてくれた子供たちが一緒に応援してくれることもあります。

池袋や浜松町には、手づくりの幸福実現党の可愛いタスキをつけた女の子が来てくれたことも。葛西にてご家族で来てくれた2歳の男の子は、親御さんによるとまだ会話はできないそうなのですが、街宣を聞いてくれたのか、「ななみひろこ、ななみひろこ」と言ってくれるそうです。

八王子で「ママ街宣」をした際には、子育て中のお母さんたちと共にベビーカーがずらっと並びました。世田谷区で、町田市で、各地で子供を連れながら活動しているというお声も伺います。品川区の子供連れのミニ集会では「おうえんしています」という心温まるお手紙もいただきました。

子供たちの笑顔に励まされて。

選挙後に港区の女の子が「おつかれさまでした」と渡してくれたイラストには、打ち出の小槌が描いてありました。子供たちの未来を守りたいと言いながらも、私のほうが勇気をいただいてばかりです。この子供たちの10年後、20年後の未来を守るのは、今の大人たちの責任。平和で豊かな日本を引き継いでいくためには、今が正念場です。

教育無償化に反対する保育の現場

2019年の参院選では、各党の政策集に「教育の無償化」メニューが並び、

子育て中の家族と共に。

どのように無償化するかを競争するような状況でした。そんななか、「財政が苦しいと言っているのに教育の無償化をするのは反対です。自民党は旧民主党をバラマキだと批判していましたが、現在の自民党が進めようとしているのも同じバラマキ政策です。教育に必要なのは無償化ではなく、質を高める規制緩和です」と訴えたことはかなり浮いていたと思います。しかし、共感してくださる方は確かにいらっしゃいます。

ある駅でいつものように「教育の無償化には反対」と演説していると、支援者の方が私を走って呼びに来ました。駆けつけると保育園長をされているという方が立ち止まってくださっていて、「保育の現場でも、幼保の無償化には賛成していない。無償化に反対するあなたを、園のみんなと応援するわ」と言ってくださったのです。

別の地域では、男の子を子育て中の20代のママから「バラマキはよくないと思っても、無償化は正直助かるとも思ってしまうんですが、どう考えたらいいですか」と聞かれたこともあります。

「政府が票を買うようなバラマキや無償化ではなくて、幸福実現党は子供が生まれたら減税する、という考え方なんです」とお話すると、「それなら分かります！」と目をキラキラさせてくださいました。政府は教育の無償化に舵を切っていこうとしていますが、保育の現場の真のニーズを汲み取り、勇気を持って踏みとどまるべきです。

YouTuberとの出会い

最近では、各候補者の街宣の様子を撮影し、ネットにアップしてくださるYouTuberの方もいらっしゃいます。私もありがたいことに印象的なYouTuber

の方と出会えました。

最初にお会いしたのは大田区の蒲田駅だったと思います。街宣活動が終わった後、名刺を出して「僕は元自衛官でYouTuberをやっています。令和タケちゃんと言います。七海さんのこと、応援しています」と自己紹介してくださいました。

なぜ応援しようと思ってくださったのかを伺うと、元自衛官としても国防強化の幸福実現党の政策に賛同くださっており、共産党の間違いを正したいと思ったとのこと。同じく私も、「平和憲法を守る」とか「自衛隊は違憲だ」などと主張して、迫りくる隣国の脅威に対して防衛も考えず、豊かな人や経営層への嫉妬を煽って貧しさの平等をもたらす共産主義を日本から叩き出したいと思っているので、令和タケちゃんさんの勇気ある行動に共感しました。

その後も、タケちゃんさんは私の街頭演説を何度か撮影してくれていて、いつも「絶対、共産主義を倒しましょうね」と声をかけ、励ましてくれました。

タケちゃんさんは他党候補の演説も同じようにネットにアップされていますが、「小さな政党だから」「宗教政党だから」などという偏見もなく、まっさらで公平な眼で私たちの主張を聞き、取り上げてくださったことは本当にありがたいことです。まさに「同志」のお一人という感じでした。

２０１９年の参院選で、街頭演説で真っ向から共産主義を批判した際、その様子を撮影し、ネットにアップしてくださったのは、タケちゃんさんでした。その時の様子は、次節で詳しく紹介します。

国を愛する方が応援してくださる幸福実現党

令和タケちゃんさんも元自衛官ですが、街頭でも「元自衛隊なので」と小声でエールを送ってくださる方に何人も出会います。

小岩の駅では、街頭演説後に70代くらいの男性が「女性で国防を訴えているのはうれしい！　なかなか女性で国防を訴える人はいないから、ぜひ応援したい」「私は元々自衛隊だったんだよ」と話しかけてくださいました。

ちなみにその小岩では、握手を求めると驚いたような表情で私を見て、「あなたに投票したよ」と言ってくださった方もいました。神奈川県に住む友人に勧められて、期日前投票をしてくださったというのです。全国のご支援者の皆さまのネットワークと、投票依頼をしてくださっている方のおかげで、お一人おひとりとつながっていることを実感する瞬間。感謝に満ちてたまらない気持ちになります。

4. 共産主義を食い止める

「嫉妬の合理化」である共産主義

活動を貫いていたのは、繁栄の思想とは反対の、共産主義の広がりを食い止めたいという思いです。

大川総裁は共産主義について「嫉妬を合理化した思想である」と喝破されています。

つまり、成功者に対してその背景にある努力を認めることなく嫉妬心を募らせ、「お金持ちから富を奪って、貧しい人に再配分することがユートピアへの道だ」という論理を立てているのです。努力する人や成功者を引きずり降ろす思想は絶対に看過できません。富を生み出す人を祝福し、尊敬し、富を生み出す側の人を増やしていかなければ、全体の富が増えるわけがないからです。

働き方改革の根本にも「労働は悪」という共産主義的考えがあり、物価が急上昇するまでお金をどんどん刷ればよいというMMT理論にも、勤勉に働いて富を生み出すことを否定する考えがあります。

あの松下幸之助先生も、日本の大学教授が東欧の教授から「きみの国はまだマルクスで飯が食えるのか（笑）。私の国は今どうすれば繁栄を呼ぶかということで、全部考えを新たにしているんや」と笑われたという話を著書で紹介していますが、共産主義の元にあるマルクス思想では、国民を豊かにしていくことはできません。

さらに共産主義が許しがたいのは「暴力革命の肯定」です。自分たちの主張を通すためなら、力に訴えてもよいという考えです。マルクスは、「宗教はアヘンだ」と語ります。神様やあの世の存在を認めない政治は傲慢になって権力を振るい始め、人間を物のように扱ってはばからず、人権を弾圧するのです。

共産主義を国是とする中国が、香港の民主革命に対して暴力を使って弾圧するのも、暴力の肯定という思想があるからです。

日本にも「日本共産党」という政党があります。彼らは「私たちは中国共産党とは違う」と主張し、最近では香港の民主化運動を弾圧する中国を非難する声明も出しています。しかし、理論の根拠はマルクスやレーニンの思想であり、本質は中国共産党と同じだといえるでしょう。

もちろん、日本共産党の政治家や支援者の方々のなかには、「平和な日本を守りたい」「弱者を救いたい」といった善なる動機で活動している方もいらっしゃると思います。だからこそ、その間違いに気づいてほしいのです。豊かな人を引きずり降ろしても、決して弱者を救うことはできませんし、日本が憲法9条を守って自衛隊をなくし、防衛上丸裸になっても、日本を守ることはできません。

共産党支援者との「対決」

選挙戦も終盤に差し掛かったころ、「共産主義を食い止めたい」という情熱に火が付く時が訪れました。その瞬間を、先ほどご紹介した元自衛官の YouTuber 令和タケちゃんさんがしっかりカメラに収めてくれていたのです。

その日は、夜7時頃から渋谷のスクランブル交差点付近で街頭演説を行う予定が入っていました。しかし、ネットをチェックしていたところ、渋谷ハチ公前で年金制度の改正を求める集会が行われ、その告知を共産党の公認候補や支持者たちがシェアしていることが分かりました。

現地に行ってみると、共産党支援者による集会に加え、立憲民主党候補の街宣車も大音量で演説を行っていました。

かなり騒がしい状況だったので、一瞬「演説ができるのかな」と思ったのですが、私の支援者の皆さまも集まっておられましたし、正々堂々と言論戦をしたいと思い切って予定通りの場所に街宣車を付けました。

太鼓をはじめ、様々な鳴り物の音と、他陣営の街宣の音が混じり、異様な熱気を感じます。しかし、街宣車の上に立ち、マイクを握った瞬間、共産主義と戦わなければならないという気持ちが込み上げてきました。彼らは選挙戦でも「年金をもっと増やせ」「最低賃金を上げろ」と主張する一方で、そのお金を出す雇用側が倒れてしまったら、従業員がどうなるかを考えていないのです。

その時の私を突き動かしていたのは、「与えることを考えず、もらう側、奪う側の人ばかりが増えたら、日本はおかしくなってしまう」「間違った主張が若者たちに浸透したら、日本が引きずりおろされていく」という危機感でした。「日本が落ちていくのを食い止めたい」と祈りながら、彼らの出す異様な熱気を跳ね返すつもりで演説を始めました。

「日本共産党は平和なのか。あの活動を見て平和だと思える方が一人でもいらっしゃれば、聞いてみてください。あの活動、どう見たって普通じゃない。日本共産党は、この日本の公安から破防法の調査団体としてしっかりと認定をされている。なぜなら、1950年代に暴力革命を肯定して、『いざというときは暴力によって革命を起こす』そう言っている人たちだからです」

「安倍総理に対しても、『安倍を倒せ』と暴力的なことを言って、この健全な日本の選挙を汚している。実に恥ずかしい。恥ずかしいとしか言いようがない。そして民主主義を汚している方々であります」

「憲法九条を日本が守っている間に、北朝鮮はミサイル開発をして、核兵器もつくった。中国という国は日本に核ミサイルを向けている」「この憲法九条さえ守っていたら、まるで世界が平和なようなことを言っている日本共産党というところ、もし憲法九条を守って平和になるのなら、中国に行ってその九条、認めさせてきていただきたい」

「日本共産党という政党は、全国一律（最低賃金）1500円、これをすぐに実現すると言っているんです」「けれども皆さま、雇う側の気持ちになってみたら、どうでしょうか。『そんなにもう雇えないよ、今まで正規で雇っていたけれど、残念ながら君は非正規になる』と。残念ながら、賃上げというのは、韓国で起こったように、所得格差が開き、失業率が増大する。若者の未来、若者の所得を奪う政策を出している政党に日本の未来を任せることはできません」

友人や知人からは「怖くなかったの?」と聞かれましたが、大勢の支援者の方が駆けつけてくださり、不思議と守られている安心感がありました。それどころか大きなパワーを注入していただいているようにすら感じたのです。

演説の一部始終がYouTubeにアップされると、予想以上の反響がありました。

「他の政治家が言わない、保守の胸の内を代弁してくれました。その勇気に敬意を表して一票入れたいと思います」

「幸福実現党のような政党を待ってました! 必ず投票します!」

「聞いていてこんなにスッキリする演説初めて見た」

「幸福実現党なんてと思っていたけど、極めてまともなことを言うなあと思ったよ」

映像が公開された後には、街頭であいさつをしている時にも「共産党批判演説の動画、見ましたよ」と声を掛けられることがあり、「多くの人に届いているのだな」とありがたく感じています。

5. 自由と繁栄に向けて戦いは続く

17日間の選挙戦を終え、7月21日の投開票日を迎えました。東京都の有権者の皆さまが「七海ひろこ」に投じてくださった票は3万4121票。全国の幸福実現党の比例票は20万2278票。絶対に釈党首を当選させようと挑んだ夏の戦いは、惨敗に終わりました。

翌朝7時、いつもごあいさつをしている、党本部近くの溜池山王交差点に立ちました。

「ありがとうございました」

そう言いながら頭を下げていると、言いようのない思いが込み上げてきて、目の奥が熱くなってきます。同情なのか慰めなのか、通り過ぎる人はいつもより優しく、「がんばってね」「おつかれさま」と声をかけてくださいます。中には、立ち止まって「今回は党首は通ると思ったんだけどな」と言ってくださった方もいらっしゃいました。

投開票日前日に五反田駅でお会いした方からも声をかけられ、「普段はこの道は通らないのに、たまたま通ったらあなたがいたよ。妻と二人で入れましたよ」と言っていただきました。その笑顔に、どれだけ救われたことか。

見てくださっている方はいる。幸福実現党に期待し、確かに投票してくださった方もいる。

街に出ると、そう確信します。

しかし、その桁が、ゼロがまだいくつも足りないのです。

それでも、私たちがあきらめてしまったら、応援してくださった方々の期待を裏切ってしまう。臆（おく）することなく国防強化を訴え、自由を守り繁栄を実現する政党が日本からなくなってしまう。幸福実現党はいつか必ず第一党になって、日本と世界を変える力になるんだと言い聞かせながら、次の戦いに向けて自らを奮い立たせました。

共産主義から世界を救う

参院選後も、共産主義との戦いは続きます。

10月1日の中国建国記念日前に、香港の民主化デモへの武力介入があるかという緊迫感のなか、9月16日には東京の新宿にてデモを開催。香港革命を支援する香港や台湾の方にも広くご参加いただきたいと、中国語の簡体字と繁体字でも告知をしていたため、中国共産党の方々にも情報が事前にキャッチされたようです。

「中国人がデモを妨害する動きがあります」と警察や公安の方々からご連絡を

いただきましたが、デモを決行。集合場所にもデモのルートにも中国人とみられる方々がいて、大声をあげるなどの妨害がありましたが、幸福実現党の党員、支援者の皆さまはひるむことなく行進を続けてくださいました。

デモ後には、新宿駅西口での街頭演説を行いました。そこには、大きな中国国旗を翻し、中国語で歌を歌う集団が集まっており、一人ウイグルの旗を掲げ「中国は犯罪国家だ」と声をあげている女性と一触即発の状況が展開しています。

釈党首は、かねてから予定されていた評論家・呉善花(オソンファ)氏との対談企画のために党本部に向かっていました。電話で状況を伝え、「党首だったら何を伝えたいですか」と聞いたところ、「天安門事件で中国人自身が民主化のために命を懸けたことを伝えたい」との回答でした。

前述の渋谷での共産党批判演説が頭をよぎるなか、「30年前の天安門事件を知っていますか」と問いかけました。すると、それまで中国語で野次を飛ばし演説を妨害していた彼らが、ほんの一瞬、シンと静かになったのです。

彼らも、戦車が人々を轢いていった天安門事件を知っているんだ。中国共産党政権が情報統制をし、知らされていないはずの〝真実〟を知っているんだと感じました。中国人の多くは、ウイグルや香港の方々と同じように、共産党によって「自由」を奪われた被害者なのです。それを改めて知らされた瞬間でした。

中国の方々を解放したい。中国でも日本や欧米と同じ映画を見ることができ、自由に情報にアクセスでき、政権批判をしても牢獄に入れられず、監視国家に怯えることのない当たり前の幸福を実現したい。心からそう思っています。

幸福実現党の立党にあたって発刊された大川総裁の著書『幸福実現党宣言』では、次のように説かれています。

「幸福実現党宣言」は、「神仏の存在を認め、正しい仏法真理を信じる

> 人々の力を結集して、地上に、現実的ユートピアを建設する運動を起こす。そして、その政治運動を、日本を起点として起こしつつも、万国の人々にもまた波及させていく。正しい意味での世界同時革命を起こすつもりである」という宣言です。(中略)
> 「幸福実現党宣言」において、マルクスの「共産党宣言」を永遠に葬り去りたいと考えています。
>
> 『幸福実現党宣言』

思想の力で、大勢の人たちを不幸にも幸福にもすることができます。人々を堕落させ、貧しくする考え方とは、これからも真正面から戦ってまいります。

第2章 東京の使命と繁栄ビジョン

日本を牽引する使命

政治活動を続けていくなかで、ずっと心に抱き続けてきた言葉が「繁栄」です。

本章では、人生の大半を過ごしてきた東京の繁栄ビジョンを7つの視点から考えてみたいと思います。

東京は日本全人口の約1割が住み、約2割のGDP規模を誇ります。東京都のGDP約100兆円という数字は、オランダやサウジアラビア、トルコ以上という国家レベルの規模です。すなわち東京には、日本の首都という位置付けを超えて、世界有数の都市としての価値や使命があると言えます。

夢や成功を求める人々が全世界から集まり、情報や知恵、技術が集積される。行政や経済、マスコミの中心であり、トレンドや文化の発信地でもあるのが東京の魅力です。

しかし今、東京の未来が繁栄へと向かっていけるのか、それとも沈没してしまうのか、その岐路に立っていると感じています。

東京オリンピック・パラリンピックのその先の未来に向けて、東京がどのような施策を打ち出していくのか。ここにかかっているのです。

森記念財団都市戦略研究所が毎年発表する２０１９年の「世界の都市総合力ランキング」において、東京は、ロンドン、ニューヨークに次いで第三位となりました。しかし「経済」分野においては、初めて北京の後塵（こうじん）を拝し、第四位に転落したのです。

先日、鹿児島出身の支援者から、「七海さん、東京をなんとかしてください！　鹿児島から東京に帰ってきたら、東京が暗かったんです。東京が寂（さび）れたら、地方はもっと衰退してしまいます。東京をなんとか繁栄させてください」との声をいただきました。

大川総裁は『鋼鉄の法』のなかで繁栄を次のように定義します。

繁栄というものは、やはり「成功の持続」なのです。そして、「自分の成功を、ほかのものにも広げていくこと」です。

『鋼鉄の法』

東京で成功を持続させ、繁栄させなければ、日本全体が落ち込んでしまう。これは、２０１６年の都知事選に出馬した際も魂から訴えていたことでした。「東京一極集中によって地方の元気がなくなるという考えもありますが、そうではありません。富士山を見てください。富士山は高く高くそびえているから、裾野もまた広いのです」と、街頭で声をからして訴えました。

東京には、日本を、そして世界を牽引する使命があります。その使命を果たすためにこれから述べる7つの「東京繁栄ビジョン」を実現していきたいのです。

そしてこのビジョンは、現在進行形で成長しています。皆さまのご意見をいただきながら、もっともっと大きく育てていこうと思います。

心の力を生かし切る

心にビジョンを描く

本書の冒頭で、減税、規制緩和を柱とする「東京版トランポノミクス」を実現したいと書きました。しかし、トランポノミクスとは、単なる政策論ではなく、大前提として「意志の力」「経営マインド」「心の力」といったものがあるように思うのです。

トランプ大統領は「5％の経済成長にしたいんだ」「アメリカを再び偉大な国へ」と繰り返し呼びかけています。これがアメリカの人々の心に希望の種をまき、好景気を呼び込んだのではないでしょうか。かつてケネディ大統領は、「月に行こう」と、宇宙飛行士を月面に送って地球に帰還させる計画を打ち出しました。その後、アメリカはアポロ計画を成就させました。このように、私たちの心にありありと「こんなふうになりたい」というビジョンを描いていきたいのです。大川総裁は２０１２年に発刊された『Think Big！』のまえがきで、このように述べています。

東京には、今、スカイ・ツリーがその勇姿を見せてきているが、そのタワーが設計図以上に高くなることはありえない。
大きな夢を心に描き、コツコツとした努力と、時には、人生ここ一番の勇気で、未来を築いてゆくがよい。

『Think Big！』

墨田区や台東区を回り、スカイ・ツリーが見える度にこの言葉を思い出します。まずは志を立てること、ビジョンを描くことが、繁栄へのスタートラインなのです。

スカイ・ツリーを臨む台東区での街頭演説。

努力の喜びを感じられる社会へ

ビジョンを描いたら、次は「コツコツとした努力」が必要です。「努力をしても成功できない人もいる」「頑張っても格差が広がっている」という声もいただきます。でもここで、大切にしたい言葉があります。それは「人生即努力。努力即幸福」という本多静六氏の言葉です。

大川総裁は、この言葉の背景にある考え方として、霊的人生観を説いています。すなわち、「人生はこの世限りではなく、人間は永遠の生命を生きている。この世は魂修行の場であり、魂を磨き、悟りを向上させるために人はさまざまな苦難困難、試練に出会いながら心を豊かにし、無限に成長していく存在なのだ」という考え方です。

死んで人生が終わりなら、ずるいことをしながらお金をもうけ、成功した方が得するように見えるかもしれません。

しかし、死後の世界があり、持って還れるのは「心」だけだとしたらどうでしょうか。努力をして魂を向上させること自体に価値があり、喜びになります。「努力」という原因があり、今の人生と死後の世界を貫いて必ず結果が現れる、仏教でいうところの「縁起（えんぎ）の理法」を信じると、努力そのものが神仏に近づいていく幸福となるのです。

幸福実現党は、できるだけ「努力の報われる社会」にしていきたいと考えています。努力の報われる社会とは何か。それは、働いて得た給料の4割ほどを税金や社会保険料で取られたり、努力しようとしても規制でがんじがらめに縛られたりする社会ではありません。

そうではなく、国民一人ひとりが自由を手にし、チャンスが平等にあり、やる気と能力が最大に引き出される社会です。政府に頼るのではなく各自が人生の主役となって道を切り拓く喜びで満ちあふれる社会です。

努力を続けることで得られる、魂が向上するという最大の幸福を感じてもらいたいと願うからこそ、幸福実現党は人間が努力をやめてしまうような耳障りのいい政策や、怠け心を増長させる政策、お上頼りになって依頼心の強い人間にしてしまうような、いわゆる「バラマキ政策」は断固としてとらないのです。具体的には教育の無償化や、補助金ありきの政策、行き過ぎた社会保障などがそれにあたります。

トランプ大統領の経済政策にも、この精神は流れています。『トランポノミクス』（幸福の科学出版）では、トランポノミクスの第三の原則として「競争原理と選択の自由を認めれば、政府の規制、規則、命令よりも、よい成果を生むことができる」「国民が自分の意思で決めるということ」が挙げられています。つまり、国民一人ひとりの力と無限の可能性を信じるがゆえの「減税」であり「規制緩和」なのです。

繁栄ビジョン2

教育改革は繁栄の礎

繁栄ビジョンの二点目に挙げたいものは、教育改革です。大川総裁の著書『繁栄の法』は、教育改革の提言から始まっています。教育の立て直しは繁栄の基礎づくりともいえます。

教育の無償化は質の低下を招く

教育のチャンスの平等を実現しようという名目の下、「教育無償化」が進められています。2019年10月からは幼保無償化が進められ、2020年4月からは、私立高校や大学の無償化も始まります。東京都においても、小池百合子都知事が都議会公明党と共に「私立高校無償化」の拡大を進めてきました。

しかし、「教育の無償化」は繁栄の未来には近づけない政策です。まずは「質の低下」が懸念されます。現在でも、学校の授業だけでは成績がよくならない、受験はできないということで、多くの子供たちが塾に通っています。無償化の財源は税金ですが、質の向上なくして無償化しても税金の無駄遣いであり、子供たちの貴重な時間も無駄になります。学校が無償化される分、塾代を捻出できるようになるのかもしれませんが、それでは本末転倒です。無償化になることで、教える側も教わる側も緊張感を失えば、ますます質の低下を招きかねません。

やはり政治は、教育の質の向上にこそ力を入れるべきです。塾がそうであるように、競争の原理が働くからこそ、学校は不断の努力が求められます。ですから、公教育においても高い教育レベルを実現するために、切磋琢磨できる環境を整えていくべきです。

また、教育の多様性も大事です。例えばドイツではマイスター制度によって、若い段階で専門技術を身に付け、ドイツの産業の担い手となっています。東京都も産業高校やエンカレッジスクール、チャレンジスクールの設置など多様な高等教育を導入していますが、大学の無償化は、学問をしたい人もそうではない人でも大学を卒業しなければならないという社会の硬直化を助長しかねません。

明治神宮前で出会ったある女子大学生が「私たち大学に行っていても全然勉強していないよ。無償化しても税金無駄になるよ」と言っていたのが印象的でした。全員が大学に行く社会ではなく、学問でも専門技術でも、自由に学べる社会をつくっていきたいのです。目指すは、未来を選択する自由が国民に委ねられている教育の実現です。

もちろん、やる気も学力もあるのにお金がない、という若者や家庭のために道を開くことは絶対に必要です。そのために、税金のみによるのではなく、篤志家による奨学金の拡大をしていきたいと思います。

世界最大規模の財団として有名なロックフェラー財団は、複数の大学や研究機関に奨学金を提供しています。投資家であるウォーレン・バフェット氏の多額の寄附が話題にもなった世界最大のビル＆メリンダ・ゲイツ財団は、さまざまな高等教育の支援やＩＴの普及等に大きく貢献しています。同財団は１９９４年以来、約３６０億ドル（約３・９兆円）を慈善活動に投じています。

何でも税金で賄おうとする発想ではなく、民間に稼いでいただき、後に続く若者たちを育てていくようなシステムにしていきたいと思うのです。

私がお世話になっているハワイ在住の女性が、教育のための財団をつくりました。音楽が好きな彼女は、特に音楽が得意な学生たちに支援をしています。財団の奨学金を受けた黒人の少年がサックスを持っている写真を、うれしそうになでながら見せてくれたものです。奨学金を受け取る学生にとって、こうした支援の恩は一生忘れられず、いつか自分も立派になって恩返しをしたいという克己心を与えてくれるものでしょう。

税金でのサポートが必要なケースもありますが、やはり民間によるサポートの方が顔が見えるため、感謝の思いも強くなるのではないでしょうか。大阪のある支援者の方は、成功して財団をつくり、子供たちの教育支援をするのが夢なんだと、休みなく働かれています。成功者の方々が高貴なる義務を果たすことができるように所得税や法人税の減税によって豊かになる人を増やし、富豪や財団をつくって自由に寄付や奨学金が出せるような社会にしていきたいのです。

保育園に入れるために離婚？

東京ならではの教育・子育ての課題として、「待機児童問題」があります。

30代になったばかりのRさんは、同じ職場の男性と結婚をし、現在第二子を妊娠中。二歳となった第一子を保育園に預けながら仕事に復帰していますが、そろそろ二度目の産休に入ります。

保育園に子供を入れる活動を指す「保活」という言葉がありますが、彼女も例外ではありません。いったんは認可外の保育園に入れ、各家庭の状況に応じて付けられる「点数」を獲得した上で、区役所にも頼み込み、何とか第一子を認可保育園に入れることができたと話してくれました。

彼女は運よく子供を保育園に入れることができましたが、そもそも保育園に入ることができて運がよかったということ自体が間違っています。多くの家庭では子供が保育園に入れず、ママが仕事に復帰できないというのです。

保育料も認可保育園だと月額数万円のところ、認可外では10万円を超え、時短で一カ月働いても届きません。若い家庭には重い負担です。中には、認可保育園に入れるために、書類上のみ離婚をして点数を稼ぐという夫婦もあるとか。保育園問題が家庭の形を変えてしまっていいはずがありません。

こうした待機児童問題が、女性パワーの推進を妨げているということで、２０１９年10月の消費増税10％と同時に幼保無償化が始まりました。ただしこれは真の解決にはつながりません。むしろ、無償化という罠で無垢（むく）な子供たちを人質にとり、親世代を増税の奴隷にするかのような政策です。

幼保無償化についてママ世代に聞くと、そのお声はさまざまです。「夫の収入は限られているし、無償化になると、実際のところ暮らしは助かるんです」という方もいれば、「幼保無償化になると、入りたい保育園にもっと入れなくなるのでは」「母親にとって一番大切なのは、保育の質なのよ。無償化で質が低下するのではと思ってしまう」と、心配される方もいます。

本当にさまざまですが、一様に言われることは、「根本的には収入が少ないことがきつい」ことと、「保育は『質』が大事」ということです。

厚生労働省は２０１９年4月1日時点で、待機児童数は前年比約3千人減の、1万６７７２人となり、調査開始以来過去最少となったと報告しています。しかし、本当は保育所に入りたくてもさまざまな理由で統計から除外された「潜在待機児童」の数はもっと多いとされています。

そこで厚生労働省は、２０２０年度末に32万人の保育の受け皿を確保する「子育て安心プラン」を進めています。これは女性の就労率が8割を超える社会を想定したものですが、各家庭の希望に応じて、2人、3人、4人と産み育てていける社会をつくろうとすると、今の延長線上にはない待機児童対策が求められているといえます。

規制緩和で待機児童問題を解決

この問題を解決するにはどうしたらいいのか。その答えを、幸福実現党の政治哲学の基本に立ち返って「規制緩和」に求めたいと思うのです。

東京都で保育事業を営む経営者はこう話します。

「保育園には、園庭や保育士の人数などさまざまに規制があります。この規制を満たすための対応や膨大な書類提出などの仕事が大変で、子供の面倒を見るという大事なことに時間を割けないのです」

厚生労働省の「子育て安心プラン」が目指す32万人の保育の受け皿確保のうち、企業主導型の保育拡大量は約6万人とされており、全体の約5分の1にも届きません。企業主導の保育が拡大しない理由はこうした規制にもあると思います。

実際、株式会社が保育事業に参入しようと思っても、補助金が入っている公立の保育所や社会福祉法人が運営する保育所とは価格面でハンデがあります。その上、場所や面積、保育士の数に関する細かい規制があるため、そもそも都心のビルでは経営が成り立ちません。

教育評論家の森口朗氏は、幸福の科学出版の雑誌「ザ・リバティ」（注）の取材に対し、狭い公園などの空間の活用を提案し、「トレーラーハウスなどを置くだけで簡易保育所や準学童ができれば、助かるお母さんも多いはずです。子供が手を離れた近所の主婦の方が働けば、収入源や生きがいにもなります」と話します。

短時間でも子供を預けたいママにとっては、安全性さえ確保できれば、場所や保育士の資格の有無は問わないでしょう。規制を軽くするだけでも株式会社が保育事業に参入しやすくなり、国や自治体が進めるよりも早く、しかも税金を使うことなく、保育の器を拡大することができます。株式会社の参入で企業家精神が

（注）「ザ・リバティ」2020年２月号

発揮され、保育の質の向上も見込まれます。

さらに質の向上につながる施策として、保育のバウチャー制度の導入も提言したいと思います。バウチャーとは、使い道を限定したクーポン券のようなもの。先述したように自治体や社会福祉法人が運営する認可保育所には多額の補助金が入る一方、新しく参入した株式会社には補助金が入りません。保護者としては、質よりも価格で保育所を選ばざるを得ないケースも出てくるでしょう。

そうではなく、子育て世帯に保育バウチャーを渡し、希望する保育所の保育料をバウチャーで払うようにするのです。そうすれば、保護者は「価格」ではなく「質」を重視して保育所を選べるので、保育所の方も質を高めようと努力するようになります。

女性パワーが発揮できる社会へ

待機児童をなくしていった先にあるのは、女性のパワーが発揮される社会です。女性起業家など女性リーダーが続々誕生し、活躍することで、日本の国力も魅力も格段に上がっていきます。家庭に入りたい女性は家庭に入り、働きたい女性は思いきり活躍できる環境を整えていくという、女性の選択肢を増やすことに使命を感じています。

ちなみに幸福実現党の党首は女性で、公認地方議員のうち女性議員の割合は7割を超えています。この比率は他党と比べて突出しており、エルドリッヂ研究所代表のロバート・D・エルドリッヂ氏が、「Japan Times」紙の記事で、幸福実現党における女性の活躍について取り上げてくださったこともあります。

フィンランドでも2019年に34歳の女性首相が誕生し、連立政権を組む党首もほとんどが女性ということが話題になりました。世界銀行の発表するビジネス環境ランキング1位のニュージーランドも、首相は子育て中の女性です。これはパートナーや周りのサポートがあってこそのことであり、日本でも女性が社会に出ていく分、より一層男性にも愛情や能力を発揮していただき、調和し助け合える社会を目指したいと思っています。

働く女性のパワーを活用していくためには、男女共にチャンスの平等があることが大切です。女性議員の多い幸福実現党から、チャンスの平等を阻む「ガラスの天井」を破っていきたいと思いますし、男女の垣根を超えて、しかし女性らしさを失うことなく活躍できる社会、希望するすべての人に仕事をする道が開かれる社会をつくっていきたいと志しています。

もっとも大切な「教育の中身」

ここまで制度面の改革について述べてきましたが、何よりも大切なのは教育の中身です。江戸時代には、寺子屋や筆学所（ひつがくしょ）が読み書き算盤や古典を教え、日本の教育水準の向上に貢献しました。明治維新の原動力となったのは、吉田松陰先生の松下村塾、緒方洪庵先生の適塾などの熱気あふれる私塾です。

時代は変わり、現代は教育環境も整ってきましたが、どんな子供たちを日本、そして東京から輩出していくかということについて、政治はもっと命懸けで当たっていくべきだと思うのです。

多様性あふれる時代に多様な教育の器をつくっていく必要はあります。語学やＩＴも必要ではありますが、どのような学問を学んだとしても、今後大切な教育は、宗教教育です。

宗教は、すべての魂は神の子、仏の子であり、神仏に創られたからこそ等しく尊いと教えます。すべての魂に神仏の光が宿っていると知り、人からされて嫌なことはしない、人にされてうれしいことをするという黄金律を教える宗教を学ぶことで、お互いを尊重し、いじめもなく、障害を持つ方の尊い使命も感じることができます。宗教を学ぶことによって、健全な社会が実現されていくのです。また、今後の日本はより国際化が進み、高度人材の移民を受け入れ、世界中の人々が働き、生活する国となっていきます。人種や国境を越えてお互いに理解し合い、尊重し合う人材を育てていくには、世界の宗教への理解が不可欠です。

イランとアメリカの対立の背景には、宗教対立があります。世界各国の紛争の背景にもお互いの宗教に対する無理解があります。日本が西洋と東洋を結ぶ架け橋となり、世界の中心となるためには、宗教への深い学びが求められていると思うのです。

同時に、国際社会のなかで日本が活躍していくには、自虐史観教育ではなく、正しい歴史認識に基づいた、日本の誇りと愛国心を育む教育が求められています。

さらに今後、日本語教育を国内外において積極的に推進することを宣言します。海外の方が多く住み、ビジネスをする国際都市・東京では、将来的に英語が第二言語になる可能性もあります。

しかし多くの日本人には「移民」への抵抗感があります。この壁はコミュニケーションの道具である言葉の壁がつくっている面があるのではないでしょうか。日本の英語教育を進める考え方ももちろんありますが、同時に、「日本語を話せる外国人」を増やす政策を、国内外において進めていくべきです。

インドやネパールで出会った日本語を学ぶ若者たちは、日本のことが大好きでした。「おしん」の視聴率が90%超えというイランも親日国です。テヘランの街中で出会った女性は、日本人の私を見ると侍のようなポーズをとってくれました。

タイでは、漢字ばかりの書名をつけると中国の本と思われますが、平仮名がタイトルにある本は日本の本だと分かるため、よく売れるのです。日本語教育を通して日本の宗教、歴史、文化に触れることによって、親日家、親日国を増やしていく。日本語教育を生涯現役社会の雇用創出の場としても活用し、日本の国際化を推し進め、日本の価値を知る方々を世界中に増やしていきたいと思います。

もちろん移民受け入れの議論においては、外国籍の方には参政権は原則付与しない、帰化にあたって、いざというときには日本を防衛する意思があることを確認するなどの制度設計を大前提とし、日本を愛し守り抜く方を増やしていきたいと思います。

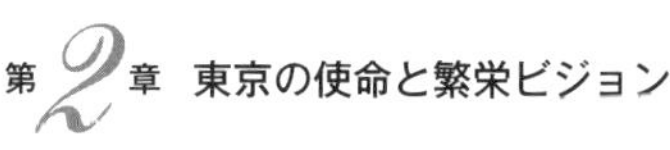

建築規制をスッキリさせよう

安くて広い都心の家に住む

東京にお住まいの方の悩みに「家が狭い」「家賃が高い」というものがあります。

40代の男性は言います。

「あと一部屋あったら、自分の居場所ができて、家で落ち着くことができるんだけどな」「夫婦喧嘩も少なくなると思うな」

部屋数が増えるだけで夫婦仲の問題が解決されるかどうかはなんとも言えませんが、「空間の余裕」は「心の余裕」であり、住まいのゆとりが家族の幸福につながることは確かです。

30代の夫婦はこう話します。

「子供をあと一人欲しいなと思うけれど、そんな広い家に引っ越すお金も教育費もないよ」

赤ちゃんの頃はベビーベッドが必要ですし、成長に合わせて絵本やおもちゃを置く場所も欲しいし、できれば学習机も置いてあげたい……。教育環境を整えるには、子供は一人までだなと冷静に考えた結果、経済力と空間の限界が希望子供数の限界になっている家庭は多くあります。

広くて快適な家に安く住めたら、このような方々の悩みも解決できるのです。

そのための方法の一つ目が、容積率などの建築規制の緩和です。

東京の空を見上げてみてください。坪単価がとてつもなく高い東京ですが、まだ使われていない「空」は、何億円分も、何兆円分もの価値を生み出す可能性があります。

容積率とは、敷地面積に対する建物の延べ床面積の割合であり、建物の高さ規制につながります。この容積率の緩和によって高層ビルを建設したのが丸の内エリアです。１３００％の容積率を１７００％まで緩和し、その代わりに土日も人の集まる街としての開発を目指しました。

渋谷駅周辺の大規模再開発も、容積率の緩和によって進められています。

東京都は、２０１８年には旧耐震基準のマンションに対して容積率を緩和し、建て替えを促しました。２０１９年には海外の方が住みやすい住宅環境を整えるために、開発ビル内の住宅の割合を増やす場合は、容積率を最大３００％上乗せするなどの容積率緩和策を打ち出しています。しかしこれらは国家戦略特区のプロジェクトが対象であり、まだ東京都全体ではありません。

以前マレーシアを訪れたときには、クアラルンプールにそびえる高さ４５２メートルのペトロナスツインタワーを見上げ、その高さに衝撃を受けました。国教がイスラム教のマレーシアらしく、ビルの上部はモスクの尖塔のようであり、テナントとして入っている日本企業の伊勢丹や紀伊國屋も活況を呈していました。

何よりも驚いたのが、ツインタワーのひとつの建設を受け持ったのが、日本の建設会社であるハザマ（現・安藤ハザマ）だということです。現在、日本で最も高いビルは竹中工務店による大阪のあべのハルカスで300メートル、2023年には港区に、森ビルによって約330メートル、64階建てのビルが建設されることが発表され、さらに2027年には東京駅前に、三菱地所によって390メートルの高層ビル建設も予定されています。しかし日本の企業には、すでにもっと高いビルを建てられる建築技術があるのです。

この技術を生かして街をつくるために必要なのが、容積率の大胆な緩和です。渋谷の街の再開発に際しても、神宮前や笹塚など、細かい区画ごとに容積率を計測し、渋谷区トータルでの容積率を緩和しています。緩和しないよりはいいのかもしれませんが、細かすぎるルールによってさらに仕事を増やしているようにも見受けられます。

また容積率は、道路や水道などのインフラ、つまり人が移動し、活動できるキャパシティに応じて設けられているものです。

しかし冷静に考えれば、どれくらいの人や車が道路を行き来できるかを、建物の高さを制限する根拠にすることには納得がいきません。

もしそれがボトルネックになるなら、交通インフラへの投資を行い、都市のキャパシティを増やしていけばいいのです。容積率の緩和によって、東京に安くて広い家を実現し、さらに資産の価値を高め、職住接近の夢も、大家族で住みたいという夢も、叶えていきたいと思います。

最新の安全技術を生かすためにも

高層ビル化については、いわゆる「日照権」の問題と、地震大国日本においてどのように安全面を確保するのかといった不安の声もあると思います。

建築基準法には、日照を確保するために、斜線制限や日影規制というものが定められています。住宅地域において日当たりのよい生活というのはかけがえのない大切なもので、日々の幸福感にもつながるものです。

高層化していく際には、ペンシルビルを乱立させたり、戸建ての家が高層ビルにはさまれたりするような街ではなく、日当たりやバリアフリーも大切にした上で、街全体をデザインしていきたいものです。避難場所となる緑地や公園、医療、商業施設も含めた「街づくり」の高層化を進めていく必要があります。

地震対策についてですが、日進月歩で進む建築技術によって耐震、免震技術が進み、高層ビルは震度7クラスにも耐える設計となっています。また、強化ガラスなど、それぞれの強みを持ったガラスが最新の高層ビルには使用されているのです。

安全性は高さとは関係がなく、たとえ低くても古い建物の方が災害には弱いと言われています。いざ災害が起きた時には、何千、何万人もの帰宅困難者の安全を確保し、数日間生き延びるための備蓄も必要です。これは、巨大ビルだからこそ可能な対策といえるでしょう。

今後は首都直下型地震への万全な備えも必要となりますが、耐震化率が約87%の東京都においては建物倒壊等による被害が出ることが予測されており、安心、安全の防災都市を実現するために耐震化を100%に高めることが急がれます。

街づくりの企業が今も目指しているように、高層ビルが住居だけでなく、買い物、教育、介護、医療、仕事、生活を丸ごと包み込むようにして、暮らしそのものを創っていけたなら、世代を超えて交流して絆を深め、誰も孤独になることのない、人に優しい社会が生まれるのではないかと思います。同じビルの中にお店や医療機関があれば、高齢者の方にとっても子育て世代にとっても住みやすさや安心につながります。

超えていきたいのは、世代だけではありません。

高層ビル群に住み、ビジネスをする多くの海外の方もいるでしょう。世界から人が集まるということは、世界中の宗教が集まるということです。キリスト教、仏教、イスラム教、ユダヤ教、そして日本神道といった多様な宗教を信じる人々が東京に集まってきます。

港区にある東京ミッドタウンという施設にイスラム教の礼拝の部屋があるように、これからの住宅や街には、多くの世界宗教の礼拝空間が整うことになるのではないかと思います。信仰者にとって、祈りは生活です。信仰を持つのが当たり前な世界の人々を受け容れる街づくりをするためには、祈りの場所が必要なのです。

国際都市は国際宗教都市であることが必然です。高層化で都市のキャパシティを広げることで、多様な文化を受け入れる国際宗教都市をつくっていきたいのです。

交通革命で24時間活気あふれる国際都市へ

「ドラえもんがいたら、どんな道具を出してもらいたい？」

そんな問いに対して私は「どこでもドア」と答えます。一瞬で目的地に行けるなんて夢のようです。道中を楽しむ旅もありますが、時間の流れが早くなった現代、いかに早く、安全に目的地に移動できるかは経済発展の鍵を握ります。

大川総裁は、今後の未来産業のヒントとして「**時間を縮めるものは富を生み出す**」と語られています。交通革命自体、人やモノの流れをスムーズにして富を生みますが、時間短縮を目指すなかで、さまざまな産業も活性化していくことが期待されます。

東京の「眠れる空港」を生かす

日本を国際都市化するための鍵のひとつが、空港の拡大です。

世界一の都市ニューヨーク周辺には、ジョン・F・ケネディ空港、ラガーディア空港、ニューアーク・リバティ国際空港、テターボロ空港と、4つの空港があります。ロンドンにはヒースロー空港をはじめとして、なんと5つもあるのです。海外の都市に複数の空港があるのは常識ともいえます。

では、東京にはいくつ空港があるでしょうか。まずは羽田空港、そして都心部の国際空港としては、

ロンドンのヒースロー空港。

千葉県の成田に成田国際空港があります。

しかし実は、東京には羽田以外にも可能性を秘めた飛行場があるのです。

東京都の多摩地域にある横田飛行場は「横田基地」として知られていますが、大型機の発着に必要な3千メートル級の滑走路があり、現在は在日米空軍と航空自衛隊の基地として使われています。

この横田飛行場について政府は、訪日客が増える東京五輪の期間中、「軍民共用」を打診し、米軍も協力的です。主に選手団を乗せた民間機の発着を想定し、臨時ではありますが、民間機の乗り入れが実現する見通しです。小池知事も2019年4月に「軍民共用化」の可能性に関する報道を受け、「都としても望むところだ」と発言しています。

福生駅の近くで活動する幸福実現党の西多摩後援会も、2019年3月から、横田基地の軍民共用化を求める署名活動を展開してきました。

東京都の試算によれば、横田飛行場を共用化した場合、約１６１０億円の経済効果と、約８８５０人の新規雇用創出が見込めるとのことです。

さらにまた、調布にも都営の調布飛行場があります。都心と大島・新島（にいじま）・神津（こうづ）島（しま）・三宅島を結ぶ飛行場で、私も島嶼（とうしょ）部に行く際、調布の飛行場から行こうとフライトスケジュールを見ていました。ところが飛行場に直接行ける連絡鉄道がなく、バスの運行本数も少ないため、断念してジェット船を使用しました。

飛行機を使えば、調布飛行場から島嶼部で最も近い大島へはわずか25分、離れている三宅島でも50分です。これが高速ジェット船だと、港区の竹芝から大島へは1時間45分、三宅島には高速ジェット

西多摩後援会作成の、横田飛行場の国際空港化を訴えるチラシ。

船が運行していないので、夜行の大型客船で6時間30分かかります。

ちなみに、竹芝ふ頭から八丈島へは、大型客船で10時間20分もかかります。飛行機を使えば羽田からスリランカやサンフランシスコ、何とロシアのモスクワにも行けてしまう時間です。

島の産業の発展と観光客を受け入れるための器づくりとのセットで考える必要がありますが、飛行機やジェット船の値段を抑え、調布飛行場と都心駅とのアクセスを改善することで利用者が増えれば、東京都の宝である島嶼部の活性化にもつなげていける可能性があると思います。

拡大すべきなのは、飛行場の数だけではありません。都心に最も近い羽田空港から直行できる国際線の就航都市は、ロンドンの約3分の1。乗り継ぎが必要となる分、時間も手間もかかります。国際都市として直行便を増やすことが求められています。

さらに、小さいけれど可能性を秘めた空港がたくさんあります。それが、東京都心のビルの屋上にある、約80カ所のヘリポートです。大阪にも約40カ所ありま す。日本のヘリポートの設置数は世界最多を誇っているのです。

鉄道の場合、都心から成田まで1時間ほどかかりますが、都心のビルの屋上からヘリコプターで飛べば、約20分で成田に着きます。ザ・ペニンシュラホテルなど都内でもヘリコプターによる空港送迎に取り組もうとしているところもありますが、10分、20分の時間短縮を求める富裕層を日本に呼び込んでいくためには有効だとされています。さらに、東京を空から眺めたいという新たな観光ニーズも創出できるでしょう。

このように多くの富を生む可能性があるにもかかわらず、騒音や安全上の懸念があるといった理由でハードルが高く、利用が制限されています。こうした壁は飛行時間帯の工夫や技術革新によって乗り越えていきたいと思います。

空飛ぶ車で「空」をもっと生かす

２０１９年参院選前だったと思いますが、とてもリアルな〝夢〟を見ました。それは釈党首と、政党スタッフの頼れるＳさんと一緒に、「ドローンタクシー」に乗って都心の空を移動するというものです。目覚めたときにあまりにも手触り感があり、今もありありと思い出せるので本当に乗った錯覚に陥りそうになりますが、現実に「空飛ぶクルマ」に乗る未来はもう目の前に来ていると感じます。

空飛ぶ車のなかには、地上走行と飛行モードに変形可能なタイプや、ヘリコプターのようなタイプ、さらに将来的にはドローンのように遠隔操作が進めば、無人運転の空飛ぶクルマも射程に入っています。

経済産業省は２０２３年の空飛ぶクルマの実用化に向けて進み出しており、２０２０年の東京五輪はこの可能性を飛躍的に進歩させるチャンスです。

もし空飛ぶクルマで移動できれば、羽田空港と成田空港間は17分で結ばれ、大幅な時間短縮が可能となります。安全性の確保は第一優先ですが、自動車の自動運転技術が進むなか、空の移動が可能となれば相乗効果を生み出していけると思います。

宇宙空間への移動までも含め、「空飛ぶクルマ」の実用化によって、空をさらに価値あるものに高めていきたいのです。

こうして、東京の空から富を創造していこうではありませんか。

リニアで一大経済圏をつくろう

交通革命といえば、リニア新幹線も忘れてはいけません。

2027年には東京‐名古屋間が開通予定で、品川から名古屋まで約40分で移動できます（技術的には31分にできるとも言われています）。新幹線と比べて1時間ほど短縮されるのです。現時点では２０３７年開通予定の東京 - 大阪間は、約70分でつながる予定です。このリニア開通によって、東京、千葉、神奈川、埼玉の首都圏と名古屋を中心とした中部圏が一大経済圏となり、名古屋に住みながらリニアで東京に通勤することも夢ではなくなります。

リニアといえば、大胆な「交通革命」構想として思い出す大川総裁の講演の一節があります。

私には夢があります。それは、「この日本という国を、宗教心に満ちた、素晴らしい国、世界の人々の手本になるような国にしたい」という夢です。

そして、「日本と朝鮮半島とが玄界灘を抜ける海底トンネルでつなが

り、リニアモーターカーによって、日本から朝鮮半島へ、そして、自由化し民主主義化した中国を通って、ユーラシア大陸を一つに結ぶ時代「豊かで平和な、世界の人々が友達になれる時代」が確実に来ることを、私は目指しています。

《大川隆法政治講演集２００９第２巻》『光と闇の戦い』

この構想からは、リニア新幹線が日本国内の交通革命にはとどまらず、アジアをつなぎ、地球をまるごとユートピア化していく未来が見えてきます。

リニアで世界がひとつにつながる大前提として、まずはアジアの平和を実現する必要があります。中国が覇権主義・拡張主義をやめて民主化し、北朝鮮は民衆を飢えさせながら世界をミサイルで脅す先軍政治をやめなくてはいけません。

そのために、日本は核装備をも含めた防衛力の強化、世界標準の国防予算倍増に踏み出す必要があります。中東地域とアメリカとを仲介できるだけの宗教理解と外交力も求められるでしょう。

戦争の時代を超えて、リニアで世界がつながる日を目指し、日本の使命を果たしていきたいものです。

また、航空機や空飛ぶクルマ、リニア新幹線といった交通機関は、高度な通信ネットワーク技術によって制御されることになります。日常のあらゆる分野でも、ネットワーク技術は欠かせません。防衛力強化の一環として、日本は宇宙空間での防衛を含め、サイバー防衛にも力を入れていく必要があります。

2020年年初には、日本の航空自衛隊が「航空宇宙自衛隊」に改称される方向で調整されるという報道もありました。交通・航空宇宙産業の発展による移動手段のスピード化と、防衛力の強化は両輪です。日本中、世界中の人々が集まる東京は、その防衛力を特に高める必要があるでしょう。

交通の24時間化を目指す

東京を国際都市化するために進めたいのは、交通の24時間化です。

羽田空港には深夜発着の便もあり、旅客ターミナルは24時間開いていますが、都心の電車は24時間動いていないため、空港で足止めされてしまいます。

深夜の空港に到着しても電車が動いていれば、都心部のホテルに移動して、翌日の予定に備えることができます。

電車の24時間化というと、大きく分けて三つのご心配をいただきます。線路や車両のメンテナンスと、タクシー業界への影響、そして治安です。これらについて考えていきたいと思います。

（1）線路や車両のメンテナンス

ＮＨＫスペシャルの「東京リボーン」という特集で、「巨大地下迷宮」として東京の地下の進化、終電から始発の間に夜を徹して行われるメンテナンス作業についてレポートされており、その見事な運営に感動しました。

24時間化すると線路や車両のメンテナンス時間が取れないというご意見がありますが、１００年以上地下鉄の24時間運行を続けているニューヨークでは、ほぼすべての路線が両方向２線ずつの複々線で建設されており、保守作業を行いながらの終夜運行が実現されています。日本でも、ＪＲや小田急線、東武線、西武線などにおいて複々線の路線が一部あり、ＪＲ山手線なら内回り、または外回りのみ走らせるなどして24時間化することができます。

地下鉄は週によって運行路線を切り替え、例えば銀座線と丸の内線を週替わりで24時間運行にすることや、後述するロンドンのように、週末のみ24時間走らせることは可能だと考えられます。鉄道を止める場合は、バスの深夜運行を充実させるなどの措置をとることもできるでしょう。

東京中に張り巡らされた公共交通網のいずれかが必ず動いており、主要な駅までは辿りつけるようにすることは可能なはずです。

（2）タクシー業界への影響

電車が24時間動いてしまったら、タクシー業界が干上がってしまうではないかというお声がありますが、むしろ需要が増える可能性があります。事実、電車もバスも動いている日中であっても、東京のタクシーは大活躍しています。

急いでいるから、雨が降っているから、荷物が重いから、体調が悪いから、仕事の電話をしなければならないから……。そんなさまざまな理由で、タクシーは走ります。深夜にも電車が動くことによって、駅から家まで、会社までと、移動の需要は連動して増えることになります。

タクシー運転手の方に話を伺うと、「電車の24時間化、賛成ですよ。確かにタクシーがもうかるのは深夜だけど、電車が動けば人も動いて、需要は増えますからね」と話してくださいました。

タクシーといえば、ライドシェアの解禁も併せて進めたいものです。

ライドシェアは、アメリカのUber（ウーバー）社などが提供する、配車を希望する人と運転手をつなぐサービスです。利用者がスマートフォンなどで配車を依頼すると、あらかじめ指定した目的地まで運んでくれます。運転手はタクシーに限らず、自家用車を持っていて空き時間に車を出せる人なら登録可能です。

ところが日本では、タクシー会社以外の一般人が、報酬を受け取って運転手となることは「白タク」として禁じられています。

先日お会いしたある経営者の方が、アメリカに行ったときの話を聞かせてください ました。

「サンフランシスコからナパ・バレーまでオーパス・ワンのワインを飲みに行ったんだけど、Uberを使ったら、タクシーなら2万数千円かかるところ、100ドル（1万1千円）くらいで行けてしまったんだよ。Uberを日本にも入れてほしいね」

Uberの値段はタクシーの5割から6割程度と言われています。運転手とのトラブルも一部報じられてはいますが、運転手にはレイティング（評価）システムがあり、いい運転をしなければ、集客もチップ収入も見込めません。

先述のタクシー運転手は、「Uber大歓迎ですよ。Uberとタクシーの客層は、電車とタクシーのように違いますから差別化になります。タクシーは安心安全の空間を提供します」と自信を見せます。

(3) 治安の維持

犯罪の起きる時間帯は、主に午後11時以降の深夜帯が多いとされています。24時間化を進めていく上では、東京の安全も世界一を目指し、万全の対策を行う必要があります。

治安をよくするために動いてくれるロボットや護衛ロボットを普及させるなら、ロボット産業も活性化します。例えば明け方に高齢者の方々とロボット犬が一緒に散歩したり、深夜の電車でうとうとと寝てしまうキャリアウーマンをロボットが見守り、停車駅で起こしてくれたり、なんていう未来もありえそうです。東京の躍動時間を増やすことによって、新しい産業、ビジネス、雇用は確実に生まれます。

治安を守るには、こうした技術革新だけではなく、人と人との絆が基本です。あいさつをする、声をかける、町会や消防団では防災訓練や火の用心に回るといった温もりのある地域コミュニティづくりもしていきたいものです。

地域社会に貢献したいという高齢者の方々の力をお借りし、生きがいの創造をしていくことも考えられます。

24時間化でライフスタイルを変える

ロンドンは、2016年に地下鉄「ナイトチューブ」の24時間運行を始めました。金曜・土曜に限り、日中と同じ運賃で5路線が運行し、空港にも乗り入れています。平日の夜間はナイトバスが走りますが、地下鉄はバスより早く安いため、利用者は多いとのこと。

観光庁の資料によると、18時から翌朝6時までの時間帯に、夜ならではの消費活動や魅力を創出して経済効果を高めようという「ナイトタイムエコノミー」を積極的に推進しているニューヨークやロンドンでは、2～3兆円規模の市場を形成していると言われています。なお、24時間化によるロンドンの経済効果は、年間で約240億円とのこと。パリでも24時間化の実証実験が始まるとされています。

24時間営業が基本だったコンビニエンスストアが営業時間を短縮するという報道がなされるなか、時代に逆行している提言のように思われるかもしれませんが、日本の方が世界の動きに逆行しているのです。このままでは、日本は国際社会から取り残されてしまいます。

東京の24時間化は、個人一人ひとりのライフスタイルを変え、可能性を拡げ、選択肢を増やし、国際都市化へと進む重要な鍵です。私は皆さまの不安を解消しながら、これを進めていきたいと考えています。そして東京だけではなく、大阪や名古屋、博多、札幌、世界へと、リニアモーターカーで24時間つながる未来を描いていきたいと思うのです。

渋滞や満員電車のイライラを解消

交通の課題として都民が悩まされているものに、渋滞があります。オリンピック、パラリンピックで東京に流入する人口がさらに増えたら、どれだけ混雑するのだろうとクラクラします。

東京は、１９６４年のオリンピックに向けて都市インフラを拡充してきました。国立競技場などのスポーツ施設やホテルと同時に、１９６２年に初めて開通したのが首都高速道路です。他の都市と比べると、東京の高速道路は充実していますが、一般道路の渋滞は慢性的で、老朽化の問題もあります。今後は混雑緩和のために二階建ての高速道路も検討すべきでしょう。

都心の高速はこれまで延伸を続け、皇居を中心に環状の高速が何重にも整備されています。しかし、渋滞が解決されないということは、もっと高速道路が必要ということです。東京がさらにメガシティとして成長していくためには、インフラ投資を続けていくべきなのです。

さらに都心に通勤する人たちのストレスとなっているのが、満員電車です。そのため、出勤時間をずらす「時差ビズ」「フレックスタイム」、仕事の場所を選ばない「テレワーク」、または、時間差通勤でポイントが付与されるなどのさまざまな取り組みがなされています。

しかし満員電車は解消せず、ここにオリンピック・パラリンピックで東京に訪れる人を受け入れる余地はないように見えます。

解消するには、二階建て車両の導入、そして、ビルとビルをつないだモノレールの導入が必要です。これらは技術的にはすでに実現可能です。

また、前述したように規制緩和によって東京都心に安くて広い家を実現すれば、長時間電車に乗らなくてもよくなり、職住接近のライフスタイルを選ぶこともできます。もしくは、リニア新幹線の開通によって、名古屋や山梨、長野に住み、遠方から通勤する生活を選ぶこともできます。

さまざまな交通機関の発達を通じて、移動手段や働き方について幅広い「選択の自由」のある東京をつくりたいと思います。

真・善・美を備えた都市の実現

東京に「美」の視点を

日本全国、全世界から人々が集まり、繁栄に向けて進んできた東京。私はこの東京の街並みが大好きで、未来に残していきたい風景もたくさんあります。

しかし、海外に行くと、東京の街並みに「美」の観点が少ないことにも気付かされます。

世界一美しい街と言われるパリは、その景観を守るための規制も多く、自由性が失われている面もありますが、パリの街を大規模に建て替えた政治判断によって、美しい街を実現し、世界で最も多くの観光客が訪れます。

石畳のパリのおしゃれな街並み、モンマルトルの丘に集う芸術家たちの織りなす雰囲気には、なんとも言えない洗練さを感じます。

オーストリアのザルツブルクを訪れた際には、ユニークなセンスの光る通りに、日本の街並みももっと美しくできる余地があると感じたものです。

無電柱化で空を美しく安全に

ニューヨークでは1880年代から電柱の地中化を進め、マンハッタンの無電柱率は100％です。ニューヨークには何度か訪れていますが、確かに電柱を観た記憶はありません。

小池都知事も無電柱化を訴えており、都は2018年に無電柱化計画を発表しました。これは景観のみならず、災害に強い街づくりを行う上でも必要なことです。千葉では台風で多くの電柱が倒れ、大規模停電が起きましたが、地中に電線を埋めればこうした被害はなくすことができます。

東京の無電柱率はまだ6％ですので、さらに推進していく必要があります。

下水道の再整備でにおい問題を解決

美しい都市づくりのためには、においの問題も解決しなくてはいけません。

戦後、本格的に下水道の整備が始まり、東京の普及率はほぼ100％です。しかし、古いつくりのため、東京都区部の下水管の8割は雨水と汚水を同じ一本の管で集める「合流式」でつくられています。

そのため、水再生センターの処理能力を超える量の雨が降ると、市街地への浸水を防ぐために、未処理の下水が河川や海に放流されてしまいます。その結果、東京オリンピックでトライアスロンなどの会場となるお台場は悪臭が発生し、とても選手たちが泳げる水質ではないとの声があがりました。

東京よりも後に下水道が整備された地方都市においては、雨水と汚水を分ける分流式でつくられています。老朽化も進んでいますので、急ぎ分流式を導入する必要があります。

「悪」を呼び込むカジノ誘致には反対

経済効果をもたらすものとして、政府はＩＲ、カジノを含む統合型リゾートを推進しようとしています。新たな富を生み出す場として、カジノを含むＩＲに期待される方も多いかと思います。

現在のところ、横浜、千葉、大阪、北海道などが名乗りを上げていましたが、千葉、北海道は見送りを表明しました。東京都は名乗りを上げてはいませんが、明確な見送りも表明しておらず「検討中」です。

しかし私は、日本にカジノを入れてはならないと思うのです。

神奈川で活動する幸福実現党の壹岐（いき）愛子さん、大阪の数森圭吾さんは自治体のカジノ誘致について反対の声をあげています。壹岐愛子さんは地元の皆様と署名活動を行い、子育て世代の女性をはじめとした幅広い世代から、「カジノ誘致反対活動に賛同する」と多くのご支援をいただいています。

カジノのメリットとしては、インフラ整備が進むこと、国内外からの観光客が増え税収増が見込まれること、新たな雇用の創出がなされることなどです。実際、その経済効果に期待する声は、政財界から多くあります。

しかし、そのデメリットはいかばかりでしょうか。カジノによってマフィアが流入するリスク、ギャンブル依存症への不安、カジノを通じたマネーロンダリング（資金洗浄）が行われ、犯罪が増えるといった危険性も挙げられます。

なによりもリスクだと感じるのは、「心の力で豊かに」なっていくための「努力即幸福」という美徳が、カジノによって失われていくことです。

「真」や「善」をないがしろにしてでも、国民の財布のひもを緩めようという政府の政策に安易に乗ってしまってはなりません。

東京外交に正義を

都市における「真」と「善」の実現といえば、都市外交があげられます。チェコ共和国のザマン大統領は対中関係の親密化を目指していますが、首都のプラハ市のフジブ市長は、２０１９年に北京市との姉妹都市関係を解消。２０２０年1月13日には自由と民主主義の価値を守るとして台北市との姉妹都市関係を締結する方針を明らかにしました。

東京都も、北京市との姉妹友好都市関係を樹立していますが、台北市との提携はまだありません。台北市との友好関係を東京都が築くことで、台湾との経済・人的交流を深めていきたいと思います。また、東京五輪においては、都として台湾の蔡英文総統をお招きする「東京外交」によって中国の脅迫には屈しないという信念と正義を打ち立て、世界に対して「台湾を守る」というメッセージを発信したいのです。

中国公船による尖閣諸島周辺の接続水域、領海への度重なる侵入も、石原慎太郎都知事時代に東京都によって尖閣諸島の購入ができていたら、警備を増強するなどして防げていたはず。当時、石原都知事が、買い取りのための寄付金を呼びかけた時には、約14億円が集まりましたが、多くの国民の「国を守りたい」との思いを強く感じたものです。国有化されても国が守れないというなら、今からでも東京都が守るべきです。

なお、領土を守るという観点で、日本の土地を外国人が買うことについては、国防上の観点から一定の規制を設ける必要はあると考えています。

道徳教育を高めてきれいな街づくり

美しい街づくりには、人々の心も大切です。

先日、江戸川区にお住まいの方から「カラスに頭から襲われて本当に危なかった。ゴミ問題も含めてなんとかしてほしい」というお声をいただきました。東京都環境局によると対策はされているのですが、まだ十分ではないようです。カラスの脅威は、ゴミ問題と合わせて解決していく必要があります。

ゴミの落ちていない美しい街と言えばシンガポールが有名です。私も訪問しましたが、清掃員も多くいて、街は確かにきれいでした。しかし私は、シンガポールのように、ゴミを捨てたら罰則、水洗トイレの水を流さなかったら罰則、というように、罰金や罰則で縛ることで街の美化を図るという国にしたくはありません。

日本人の高度な倫理観、道徳心や公共心をもっと高める教育を行い、海外観光客に対しても「大和魂」に基づく公共マナーについて理解を深めていただくような機会を提供するなどして、健全な心が育成される方向で世界一美しい東京、日本を実現していきたいと思います。

繁栄ビジョン6

CO_2排出規制にストップを

「環境先進都市」の中身は規制強化

小池都知事は、3年間環境大臣を務めた経験から、「2020年の東京オリンピック・パラリンピックでは、環境先進都市である東京を高らかにうたう」方針を発信しています。

さらに「2050年までに都のCO_2排出を実質ゼロにする」と独自目標を掲げ、クールビズやエコハウスの推進、移動における自転車の普及、環境分野への取り組みに特化した資金を調達するために発行される債券「グリーンボンド」の発行計画などを進めています。

さらに対象事業所に対して、統括管理者・技術管理者の選任やCO_2の総量削減を義務付けるなど、規制を強めてきました。

各企業も対策に力を入れており、伊藤忠商事が開示しているところによれば、「気候変動リスク回避のためのコスト」が177万円、「気候変動リスク回避のための研究開発費」が50万円とされ、電気使用量の削減なども積極的に行っています。

CO_2削減で日本は途上国化?

しかし、環境先進都市の名のもと、CO_2削減を推進していくことに、私は「ちょっと待った!」をかけたいのです。「環境を守る」という美名のもとに、人々が豊かになろうとするエンジンを弱め、東京が衰退し日本全体が沈没し、発

展途上国に転落していくのを黙って見ていることはできません。

今、グレタ・トゥーンベリさんという17歳のスウェーデンの少女が、国連をはじめ国際舞台で発言をしています。CO_2削減に取り組んでいないとして各国首脳を激しく非難する彼女を、世界はまるで救世主かのように持ち上げ、CO_2排出削減の動きを加速させています。

しかし、気候変動の原因がCO_2増加にあるということは、科学的には証明されていない「仮説」に過ぎません。アメリカのトランプ大統領は「パリ協定」からの離脱を表明し、国際社会からの非難を浴びていますが、気候変動の原因が科学的に証明されていない以上、国益を守り自国の発展を選ぶのは当然です。

信憑性の乏しい仮説をもとに、東京都が企業にCO_2排出削減を義務づけ、費用をかけさせ、削減努力を行わせるのは問題だと考えています。むしろCO_2は植物を豊かに繁茂させ、緑を増やすものでもあるのです。

環境を大切にするということは、私たちを育む母なる大地、母なる海、母なる地球に感謝するということです。人間が生きていくための環境を与えてくださっている創造主や神仏の存在を信じ、その声に謙虚に耳を傾け、感謝の気持ちを持って行動することだと思うのです。

神仏は人々の幸福を願われ、衰退ではなく繁栄を望んでいらっしゃいます。「CO_2の排出を削減するために原始生活に戻るべき」「これ以上繁栄しなくてもよい」というのは、悪魔のささやきです。そうした悪魔のささやきにうなずきながら進んでいこうとする東京の首根っこをつかんで、逆回転をしていかねばなりません。

また、今は中東とアメリカの戦争危機により、日本への石油の通り道であるホルムズ海峡が封鎖されるリスクもあり、エネルギー政策は日本の死活問題です。

原発への規制強化と共に、「再生可能エネルギー発電促進賦課金」も導入され、電気代も1割ほど上がりました。この賦課金と増税は家計に打撃を与えていますが、安全が確認できた原子力発電所から再稼働していくことで、日々の電気代も抑え、電力の安定供給を実現していきたいと思います。

都庁を「稼ぐ」組織に

公務員の仕事に付加価値を

２０１９年の参院選はちょうど夏のボーナスの時期に重なりました。国家公務員のボーナスが昨年よりも増額となったとの報道に対し「民間は増税で苦しんでいるのに、どうして公務員は守られているんだ」という声を数多く聞きました。

これに対して公務員の人数削減を訴える政党もありますが、私は反対です。公務員の方の多くは、公に資する仕事がしたいという願いを持っていると思うからです。

一方、煩雑な「お役所仕事」は民間を圧迫しています。例えば土木建設関係の方に話を伺うと、都庁の担当者が変わる度に膨大な書類仕事が発生し、時間と労力を奪われているようです。安易に人数を削減するのではなく、仕事の無駄を見直し、生産性と透明性を上げ、民間の成果に応じて報酬が増えるような給与体系にする、といった改革をすべきでしょう。行政スピードを上げることで、東京の企業が世界で戦える環境づくりをバックアップするのです。

同時に、行政の仕事に民間と同じような「稼ぐ」発想を取り入れるべきだと考えています。多額の区債を抱えて破綻寸前だった豊島区は、区保有地の売却などを行って負債を返済しました。さらに、新庁舎を建てる際に学校跡地を利用し、上層階に分譲マンション、低層階を区役所にする一体型マンションを完成させたのです。駅に近く、真下に役所があるマンションは即完売となり、区はその売上を建設費の一部に当てました。

こうした発想で、税金ではなく、民間の資金を動かしながら公務員の仕事に付加価値を生んでいくのです。

都庁ビルから富を生む

東京都庁には、これまで何度も足を運んできましたが、新宿界隈の他のオフィスビルと比較すると、広い空間を持て余しているように感じました。この都庁の庁舎も、利益を生み出す場所にできないか、と考えてみたいのです。

例えば、庁舎の一部を民間に貸し出して賃貸収入を得たり、都庁前の広場を活用して収益事業を生み出したりするといった方法です。

また、都庁ビルを壁面広告の場所として使ってもらうことも可能でしょう。民間のビルの壁面や屋上の広告からは、多額の収入を見込むことができます。都庁ビルにも同じく広告を出せるようにすれば、「稼ぐビル」になることができるのです。

ビル壁面を利用したプロジェクションマッピングを見たことがありますが、窓枠や非常用階段もデザインとして活用した優れたエンターテインメントとなっていました。「都庁ビルに自分のデザインした広告を出す」ことがブランドとなり、若手デザイナーやクリエイターの夢になるようなきっかけづくりにもできるかもしれません。

そんなことをせずとも東京都の財政は充分に潤っているというご指摘もあるかと思いますが、都が自ら稼ぐことによって、税金負担を減らし、さらに福祉や公共サービスの向上を図っていくこと

都庁ビルは工夫次第で「稼ぐビル」に変えられる。

を可能にしたいのです。

大事なのは、すべての資産を「富を生み出す」存在に変えていけるような発想です。これによって東京を「稼ぐ自治体」に変えていくことが必要だと思います。

「無税都市」東京を目指して

マスコミの方々から「尊敬する人」を聞かれたとき、私は松下幸之助先生のお名前を挙げています。

パナソニックの創業者であることはよく知られていますが、晩年は松下政経塾をつくり、「無税国家論」を提唱されました。幸之助先生は21世紀には無税国家を目指すようになると言われていたのです。その情熱が伝わる言葉があります。

「とにかく、いまのままでは国はつぶれてしまうわ。国家の経営というか、政治やな、それを根本的に変えんといかんときになっとるんやけど、みんな気ィついておらんな」

「やがて無税国家にせんといかんとみんな言いだすようになる。二十一世紀になったらな、世界の大半の国が無税国家を目差すようになるとわしは思う。そして、さらに進んでは、収益分配国家や。税金納めんでいいばかりか、国からみんな金がもらえると。こんなええことないで。君、金出すより、もらった方がええやろ」

『人を見る眼・仕事を見る眼—松下幸之助エピソード集』（ＰＨＰ研究所 編）

満90歳を迎えようとしていたある日、「やらないといけない仕事はいっぱいあるからあと40年は生きないといけない」と言いながら、「無税国家」の構想を語られたといいます。

幸之助先生は、さらにこのようにも語られています。

「いま税金を考えるときに、まず考えんといかんのは国家予算の制度やね。あれは、きみ、単年度制やろ。予算をその一年で使い切らんといかんわね。これが実にムダなことをすることになるんや。国家予算の単年度制をやめて、企業がやっておるような会計に変える。そうすれば、年度末に予算を使い切らんでええということになるわね」

「一％残す。毎年積み立てていってそれを年利六％の複利で運用していく。百年後には、三千二百十二兆円となり、金利だけで、百九十三兆円にもなる。国家予算も膨らむだろうが、それからは金利だけでも十分に予算が組めるようになる」

「いわば日本は無税ですと、無税国家ですということになるわね。そしてそれを目指して努力するということになれば将来に光明を見出すことができるやろ」

『経営秘伝』（江口克彦 著）

この「無税国家論」について、大川隆法総裁は、このように説かれています。

（松下幸之助氏の）「無税国家」という発想もすごいのですが、「無税国家」よりもさらに進んだことまで言っています。それは、「配当（収益分配）国家」もありうるということです。国が儲かったら国民に配当しても構わない、要するに、「くれる」というわけです。

これは考え方としては当然でしょう。株式会社であれば、株式を買ってくださり、お金を貸してくださる株主がいるわけですが、それで事業が成功したら、株主に対し、配当金としてお返しします。
この考え方からして、国の事業であっても、それを行い、利益を出した場合には、その分、お返しすればいいのであって、それは、国債の金利のようなものだけではなく、配当を出してもいいわけです。（中略）
これについて、松下政経塾を出て国会議員になった人たちは、今、誰も何も言いません。しかし、天上界の幸之助先生に訊いてみると、「その考え方は、今でも有効だ」と言っています。要するに、「やろうとしないかぎりは、できはしないのだ」ということでしょう。

『国家繁栄の条件』

幸之助先生は生前、「ダム経営はどうしたらできるのか」という問いに対して、

「やろうと思わないとできない」と答えられました。「実現しようと思わなければ実現しない。実現しようと思えばそのための智慧が出てくる」というこの考え方が、私は大好きです。

「無税国家など無理だ」と聞く耳を持たないのではなく、どうやったら国家や自治体経営に企業経営の発想を取り入れ、国家レベルの「ダム経営」を実現できるかに、智慧と汗をしぼっていきたいと思うのです。赤字国債の発行や増税を当たり前にするのではなく、新しく積極的な国家経営の理念を幸福実現党から打ち出していきたいと思います。

実際に、シンガポールという国がそうした発想で今発展を遂げています。シンガポールでは、政府系の投資会社により年率18％ともされる運用がなされ、年間約1兆3千億円もの利益が出ており、これが政府予算の約20％を占めているのです。運用益によって、税負担が軽い国家が現実化しています。

国家が節約し、貯蓄した資金を運用して収益をあげ、減税をする。減税によって国民はやる気を出して勤勉に働くようになり、さらに国家は富んでいく。このような「無税国家」を日本においても実現するという夢を、描いてみたくはないでしょうか。

私は幸之助先生の夢でもあった「無税国家」の実現を、天国の幸之助先生に宣言したいと思うのです。

とはいえ、巨額の財政赤字を抱える現在の日本政府では、今すぐに「無税国家」を実現することは難しいと言えます。

では、東京都ならどうでしょう。5兆円を超える税収があり、自治体としても黒字です。この東京都からなら、「無税都市」を実現できる可能性があるのです。「無税都市東京」の実現に向けて、まずは東京において「減税」を目指していくべきだと思います。

『トランポノミクス』の著者の一人、アーサー・B・ラッファー氏は、「最適な税制にすることで、最大の税収を得られる」という「ラッファーカーブ」を描きました。最適な税率を超えると、税率を上げれば上げるほど税収が減ります。

実際、消費税が増税されると、税収全体が落ち込むという傾向があります。法人税収の占める割合が大きい東京都は、景気の影響を受けやすく、経済成長率も1%台ほどです。10%への増税後はお店の倒産と共に税収見込みの下方修正も報道されています。すでに日本は、最適な税率以上に高い税率が課されているといってよいでしょう。

世界一豊かな「金融都市・東京」

また、先述したビジネスしやすい環境ランキングで東京が上位にならない理由に、税金の高さと実務の煩雑さがあります。国際都市として繁栄する条件は、税金が安いことなのです。幸福実現党は、法人税の実効税率を15％にすることを訴えていますが、併せて、法人二税や固定資産税などの地方税の減税も目指していきたいと思っています。シンプルな税制によって、フラットタックスも実現していけるはずです。

まずは経済特区構想によって東京都の法人税や都民税を減税し、アジアにおける金融都市をシンガポールや香港から東京に取り戻したいのです。さらには、東京都のみならず、各都道府県で「減税による経済成長」の切磋琢磨を行って、日本全体を繁栄させていく未来を描きたいと思います。

もう一つ、多くの東京都民の悩みとなっているのが、相続税です。

２０１９年の企業倒産件数は11年ぶりに増えて８３８３件となり、後継者不足で廃業せざるをえない企業が今後は１２７万社にものぼるとされています。また、多くの家庭が相続税の高さによって家を子孫に継いでいくことができず、泣く泣く先祖代々の家や土地を手放すこともあります。

この危機を打破するために必要なのは、相続税の廃止です。二重課税の性質を持っているとも言われる相続税を廃止することで、中小企業の事業承継を守り、家族の絆も深めたいと思います。

世界一豊かな「金融都市・東京」は、税制改革によってつくっていくことができるのです。

以上述べてきたように、大胆な「減税」と「規制緩和」を柱とし、まずは東京で経済成長の成功モデルをつくります。雇用と収入を増やす政策、すなわち「東京版トランポノミクス」の実現を目指してまいります。

それによって、ＧＤＰにおいて中国を抜き、国際的発信力を高め、世界一のリーダー国家としての使命を果たしたいのです。

東京を「ザ・シティ・オブ・エンゼルズ」に

本章の最後に、私の「宝物」を共有させていただければと思います。

２０１６年の都知事選は、告示日前日の決断で出馬しました。大きな壁と格闘するプレッシャーでつぶれそうになりながら、東京都内はもちろん、全国各地の数限りない方々の応援を胸に、戦わせていただきました。

その時に、人生においてとてつもなく大切な「宝物」をいただいたのです。それが、大川隆法総裁からの「使命」です。

大川総裁の著書『繁栄の女神が語る　ＴＯＫＹＯ２０２０～七海ひろこ守護霊メッセージ～』のあとがきには、このようにあります。

東京は知性水準においても、豊かさにおいても、世界のトップであるべきである。チャンスの街であり、かつ、世界一のビジネス、芸術、文化の都でなくてはなるまい。

日本の神々も、伊勢神宮の山中の霊界におわすのではなく、この世界最大の都市で働きを活発化させている。「都会は地獄に似ている」とは、昔からいわれていることであるが、東京を「ザ・シティ・オブ・エンゼルズ」に変えるのが七海女史の使命でもあろう。格差問題の不満をも吹き飛ばす、成功の街、富の街、東京を創り出そう。時間と空間から新しい富を創造しよう。

『繁栄の女神が語る TOKYO2020～七海ひろこ守護霊メッセージ～』

このあとがきには、東京の使命が凝縮されています。

東京が世界のトップになるとき、それは日本が世界のトップになるときでもあります。

東京を世界一の都市に――。そのためにも、東京を愛し、日本を愛し、誠実に仕事や子育てをしている方が報われ、世界の明るい未来が見える「天使の街」。そんな街を、そんな時代を、皆さまと共に汗を流しながら、切り拓いていきたいのです。

第3章 幸福実現党に使命を感じて

1. 運命の扉が開く

幸福実現党財務局長を拝命

２０１３年の７月に行われた参院選の後、私は幸福実現党財務局長を拝命しました。

当時は幸福の科学国際本部に所属し、大川隆法総裁の教えを海外に広げる仕事をしていたのですが、この参院選で幸福実現党が支持を伸ばせなかった現実を目の当たりにして、悔しくて眠れなかったことを覚えています。

東京選挙区では、釈量子女性局長（現・党首）が出馬していました。東京に住む私も、友人、知人に投票依頼をしたり、街宣を聞きに行ったりして、「この人を本気で応援したい」という気持ちは日に日に高まっていきました。

「なんとか幸福実現党を支えたい」

そんな志を抱いて数日後、党首に就任した釈さんと一緒に、幸福実現党で仕事をすることが決まりました。まさに私の心の声に従って、運命の扉が開いたのです。

国際本部での仕事にも強い使命を感じていましたし、これからやりたいと思っていたことも多々あったのですが、各国を訪れるたびに人々が貧困や内戦の爪痕、宗教間の無理解に苦しむ声を聞き、政治改革の必要性を感じていました。

現在、世界の人口は70億人を超え、１００億

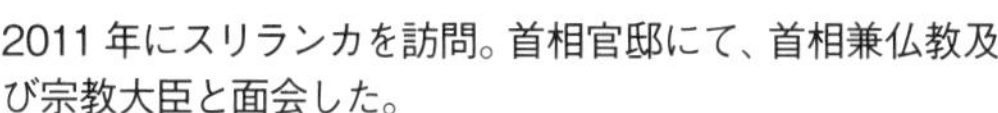

2011年にスリランカを訪問。首相官邸にて、首相兼仏教及び宗教大臣と面会した。

人へと向かっています。世界の人々すべてを救うためには、各国の政治が平和と繁栄を選び取る方向へ舵を切らなければなりません。そのためには、アジア諸国からは尊敬され、アメリカとの同盟関係を持ち、中東文明の架け橋ともなれる日本が世界の中心となって、外交や経済においてリードしていくことが大切ではないかと考えたのです。

また、ネパールでもブラジルでも、アフリカのウガンダでも、「自分の国で幸福実現党を立ち上げたい」と若者たちが目を輝かせて話してくれます。日本での幸福実現党の本格稼働は急務であり、世界が待っていると、肌身で感じていたのです。

学生時代から数えると、30カ国以上の国を合計で50回ほど訪問する経験をしていますが、世界の人たちを幸福にしたいという思いは日に日に強くなっています。政治を志した原点には、日本の繁栄を実現することで世界中の人々にも繁栄の息吹を届けていきたい、世界各地に幸福実現党の旗を立てたいという思いがあるのです。

「天下国家を語れ」

政治の道に入ったのは、今思えば必然だったかなと感じています。思い返せばその「芽」は幼少時にありました。

ちょうど小学生になる前の年、テレビでは湾岸戦争のニュースが流れていた頃のことです。背景をよく理解できたわけではありませんが、当時のブッシュ大統領やフセイン大統領の映像が印象的で、世界の動向を左右する人たちへの漠然としたあこがれを抱いたことを覚えています。

幼少時から、政党や政治家についての両親の会話を耳にし、選挙の時には投票所で子供にもらえる風船が欲しくて両親に付いていったものです。両親が新聞やオピニオン誌を読んで話している姿に、「政治経済は大事なんだな」とだんだんと思うようになりました。

そんな両親は「天下国家を語れ」とよく言っていたものです。些細なことで文句を言ったり、悩んでいたりすると、父は「なにを言っているんだ。天下国家を語れ」と朗らかに言うのです。それを聞くと「自分の考えていたことはちっちゃいなあ」「天下国家のために生きないといけないんだな」と反省が入るのが常でした。

また、子供の頃に見た「おーい！　竜馬」という坂本龍馬先生のアニメや三国志の人形劇も、無私の思いで世のため人のために生き抜くことを教えてくれました。

信仰心篤い両親のもとで

父は天照大神様や皇室を尊敬し、神社仏閣への参拝やお墓参りを欠かさない、信仰心の篤い人で、とにかく猛烈によく働いていました。

母は、私が幼稚園の頃に幸福の科学の信仰に出会い、大川隆法総裁の本を熱心に読み始めました。母が経典を恭しく扱い学んでいる姿を見て、幼心にも「とてつもなく大切なものなんだな」と感じたものです。母と共に支部や信者の方のお宅での集いに参加したり、東京ドームでの大講演会に行って、大川総裁の教えを学んだりするうちに、「この教えを広げたい」と志すようになっていきました。

小学校入学時には、「リーダーシップをとらなくては」という何か使命感に似た思いで、クラスのまとめ役を積極的に引き受けました。

小学校1年生から4年生まで学級委員を務め、4年生の最後には児童会副会長選挙に立候補。人生初めての〝選挙〟で当選し、5年生で児童会副会長、6年生の時には児童会長を務めました。

児童会長になると、全校児童を代表して学校行事で話をする機会も増えます。その時にも、目標を持って努力することの尊さや感謝、優しい心の大切さなど幸福の科学で学んでいたことを話していたように思います。

中学校では生徒会長、副会長として卒業式の送辞・答辞を務め、大川総裁の著書『青春に贈る』のまえがきやプロローグの詩編を紹介したこともありました。

高校でも生徒会の副会長を務め、悩みながら工夫を重ねたことは人生の基礎になっていると思います。

恩師の教え

「絵に描いた餅にするな」

これは、小学校の児童会顧問を務めてくださった先生から教わった言葉です。児童会では、小学生ながらに「この学校をよくしていこう。そのために、こんな行事をして、こんなメッセージを出していこう」と一生懸命考えてアイデアを出すわけですが、その際にその先生は「目標を決め、計画を立てたら、どのように努力するかを考え、ちゃんと実現していきなさい」「絵に描いた餅にしてはいけない」と叱咤激励してくださいました。小柄な女性でしたが、芯の通った、迫力のある先生でした。

さらに「臨機応変であれ」とも教えてくださいました。学校運営では想定外のこともいろいろ起きるものです。そんな時に「決めていた通りにできない」などと右往左往するのではなく、状況に柔軟に対応してベストを尽くしなさいと教えてくださったのです。

小学校5、6年生に対しては、レベルが高く、厳しい教えだったのかもしれませんが、子供扱いしないできちんと指導してくださる恩師に恵まれて、幸せな時間だったと思います。

他にも記憶に残る言葉を与えてくださった素晴らしい先生方に恵まれ、今でも連絡を取っています。

人生の教訓を多く学んだ高校時代

中学校までは公立で学び、受験を経て慶應女子高校に進学。

ところが入学直後に試練が訪れます。原因不明の腹痛が続き、6月に緊急入院、7月には手術をすることになりました。

希望を胸に高校に入学した直後に入院となり、「病気は治るんだろうか」「勉強についていけるんだろうか」といった不安の気持ちがわいてきます。授業のノートの分厚いコピーを送ってきてくれる友人達や親身になってくれるお医者さん、看護師さん、家族に励まされながら、病院のベッドで読んでいたのは、大川隆法総裁の『不動心』でした。

氷山は全体を水面上に出すのではなく、必ず水面下の部分を持っています。水面下の部分が水を押しのけているのと同等の力が氷山に働き、それが浮力となって氷山を支えているのです。

同じように、人生においても、水面下の部分が大きければ大きいほど、押しのけた水の量に見合った浮力が働くのです。（中略）

通常、他人からは見えない自分のほうが、見える自分よりもはるかに

大きな人のことを、「人物ができている」と言うのです。
だれが見ても裏が透けて見えるような人物は、大人物とは言われません。いぶし銀のような光を放ち、内面に奥深いものがある——それが偉大な人物の姿なのです。

『不動心』

病気の痛みや死への恐怖を乗り越えることで、氷山のように見えない部分の重しをつくっていくのだと自分に言い聞かせながら、また入院生活で出会うさまざまな環境の方々の話を聞きながら、「入院患者でも愛を与えることはできる」という大川総裁の教えを思い出し、せめて笑顔でいようと明るく過ごしていたことを思い出します。

「もう少し遅かったら命も危なかったですよ」とお医者さんに言われたことで、

それ以来、体調管理や体力づくりは慎重に心がけるようになりました。今は「健康そのもの」のように言っていただきますが、人生の早い段階で病気を経験したおかげだと思っています。

高校は生徒の自治を尊重する校風があり、私自身もさまざまな学校行事や部活の運営に関わりました。

女性でも男性でも、リーダー的なポジションが合う人もいれば、補佐役や調整役が合う人もいます。組織において大切なことは、いかにそれぞれの強みを生かして組み合わせていくかということだと思うのですが、女子だけの世界でそれを学ばせていただきました。今、安倍晋三内閣が「女性活躍社会」と言っていますが、その原型を高校時代に経験させていただいたと思っています。

「マスコミをあてにするな」

高校卒業後は慶應義塾大学法学部政治学科に進学しました。国際政治を専攻し、ゼミではEUを中心としたヨーロッパ政治について研究。世界宗教に対する理解がないと国際政治を読み解くことはできないこともよく分かり、宗教について深く学ばない日本は国際社会で存在感を発揮できないのではないかと感じました。

その他の講義もすべて面白く、特に西洋外交史や政治思想の授業は、今でもノートを捨てずにいるくらいです。大学では、ある教授から「マスコミのいうことはあてにするな」と言われたことが印象に残っています。

当時の私は、マスコミは正しいことを言っていると素直に思っており、マスコミの発信を疑ってかかるという発想自体がありませんでした。マスコミへの見方が変わり、自ら考え、真実や全体を見て判断する姿勢を学ばせていただきました。

後に国政や都知事選に立候補して偏向報道に苦しめられ、この教授の言葉を身に染みて実感することになるとはその時は思いもよりませんでしたが……。

大学4年間では、オンライン上の学生新聞サークルで取材や記事を書いたり、イギリス・オックスフォード大学での短期プログラムに参加したり、議員インターンシップを経験したりと、貴重な経験もさせていただきました。

情報産業・金融の仕事にあこがれて

大学卒業後は、縁あってＮＴＴデータに就職することになりました。

もともとはマスコミ志望で記者になりたいと思っていたときもあったのですが、金融関連の仕事にも魅かれていました。高校時代から、いつかは起業してみたいと思っていたこともあり、「経済の血液」と言われるお金をダイナミックに動かしていく仕事にあこがれを持っていたからです。そこで、最終的には行政や金融機関の基幹システムを創る会社に就職したのです。

「金融の営業に携わりたい」という希望がかない、当時の金融ビジネス事業本部の資金証券営業企画に配属になりました。素晴らしい上司や先輩に恵まれ、金融やＩＴの仕組み、そして社会人としての責任感やマインドについて学ぶ機会を得られたことは、本当にありがたいことでした。

仕事は楽しく、誇りも感じていましたが、３年目の初夏に退職することになりました。環境にはなんの不満もありませんでしたし、先輩や同期からは「なぜ辞めるのか」と驚かれましたが、「幸福の科学グループのために人生を捧げたい」という心の奥からのうずきはやまず、数カ月間悩みに悩んで結論を出しました。

政治に身を捧げるようになってから、街頭でかつての上司にばったりお会いしたこともあります。多くを教わった感謝を忘れず、いつかは世の中に貢献して恩返しをと思うばかりです。

2. 政治活動は感動の連続

原点となったHS政経塾での日々

幸福の科学グループに奉職して最初に携わった仕事が、幸福実現党の立党準備です。全国で立ち上がった立候補者たちの街宣原稿や政策の骨子を先輩たちと一緒に作成しました。

大川総裁が街頭演説をされるということで、ボイスレコーダーを持って駆けつけたこともありました。歴史的な瞬間に立ち会わせていただいた感動は、今も忘れません。

党として最初の国政へのチャレンジとなった2009年夏の衆院選は、残念な結果に終わりました。ただ、選挙後に誕生した民主党政権の迷走ぶりを見ると、幸福実現党の主張の正しさは明らかでした。

未来を見据えた人材投資の一環として、大川総裁は政治家や財界人を育てる、社会人教育機関・ＨＳ政経塾を創立。２０１０年４月の開塾に向け、その立ち上げにも参加させていただきました。

現在、ＨＳＵ経営成功学部ディーンを務める鈴木真実哉氏が語りおろしてくださった経済思想の講義をテキスト化したり、政治家として必要な日本文化に対する教養を身に付けるための茶道や華道、書道などのカリキュラムを組み立てたり、当時のＨＳ政経塾の学び舎となった白金精舎に勉強部屋や図書室を整備したりと、とても充実した日々でした。英語の授業やフルマラソンに取り組み、ハイエクやシュンペーター、アダム・スミス、ハンナ・アレントといった政治・経済思想家の著作を塾生と共に学ばせていただいたことも宝物です。

特にありがたかったのは、「経営の神様」として今なお多くの経営者から尊敬されている、松下電器産業（現・パナソニック）創業者松下幸之助先生の著書をまとめる仕事です。幸之助先生の著書を読み進めると、企業家たちの素晴らしさに改めて尊敬の思いがわいてきます。一人のアイデアと情熱によって生み出された企業によって、何万人分もの雇用が生み出され、人々の暮らしが変わっていくというプロセスに心躍る思いでした。こうした経営者たちを尊敬し、応援するような政治でなければならないと心底思います。

開塾に当たっては、ＨＳ政経塾名誉塾長でもある大川総裁より、「夢の創造」というお話をいただきました。その演題だけでもわくわく感が止まず、開塾の日を指折り数えて待ちました。

「夢を描いて、それを実現する力」を身につけなくてはなりません。

これは宗教的な力とも関係があります。この部分が、本当は宗教パワーのいちばん利くところなのです。宗教を信じている者であるからこそ、夢が実現するのです。（中略）

みなさんは、この地上を「仏国土ユートピア」に変えるための人々なのですから、その夢を現実に変えることが、みなさんの仕事です。

宗教の次元では、一部に現象が伴えば、あとは理念だけででも仕事ができないわけではありませんが、政治においては理念だけでは足りません。「理念が、現実に、どのような果実を生むか」ということが検証されます。

『夢の創造』

信仰心をしっかり磨きながら、現実の世界を変えていく実力を鍛え抜くという塾の方向性が明確に示されたお話に、明るい未来が拓けていく確信がありました。

開塾後は、政治家や財界人の卵たちと共に祈りと作務（掃除などを通じて心を見つめる宗教修行）から一日をスタートする日々が始まりました。神仏の願いを実現していく政治家人材を育て、国家を変えていくのだという夢と希望に満ちていたこの塾での日々は、今も私の原点です。

政治活動で一番幸せな時間

「こんにちは。幸福実現党です」

幸福実現党で仕事をするようになってからは、街頭で政策を訴えたり、地域を訪問したりすることも増えたのですが、「幸福実現党」と口にする時、なんとも言えない幸福感で心が満たされます。

大川総裁の著書『幸福実現党宣言』では、党名に込めた願いが次のように語られています。

> 新しい政党をつくるにあたり、最初は、「幸福未来党」という名称も考えたのですが、「未来には幸福になる」というような逃げをその内に含んでいてはいけないと考えて、「幸福実現党」という名称にしました。党名に、「現実に幸福を実現できれば成功である」ということを積極的に含ませてあるのです。
>
> 『幸福実現党宣言』

「幸福実現」という言葉には、人々を幸福にするんだという力強い言霊が宿っているのです。街頭で「幸福実現党です」とごあいさつすると、その場の雰囲気がぱっと明るく変わり、何か悪いものが退散するようなイメージが浮かんできます。落ち込んでいる人たちや疲れている人たちにも希望を届けられます。

私にとって、政治活動や選挙運動は、「幸福実現党、ここにあり」と大勢の方々に伝えられるありがたい機会だともいえます。

そして、実は松下幸之助先生も著書の中で「幸福実現」という言葉を何度も使われているのです。

時折、「幸福実現党という党名を変えたら、偏見がなくなるんじゃないか」「無所属だったら応援するのに」などと言う方もいらっしゃいます。でも、私はこの党名に誇りと感動を持っていますし、幸福実現党の一員として活動できることに最大の喜びを感じています。

候補者としての責任

私自身の初めての国政への挑戦は、２０１４年12月の衆院選でした。比例北陸信越ブロックから出馬させていただき、長野県での第一声から新潟県、富山県、石川県、福井県を街頭演説や集会で回りました。

経験の浅い私が話す場に、雪の積もるなか集まってくださる方々がいらっしゃいます。「幸福実現党の政策をしっかり伝えなければ」と、大変な重みを感じました。

２０１６年夏の参院選には比例代表で出馬し、主に東京都内を中心に駆け回りました。

東京都内各地を回ると、「私は大阪なんだよ。出張中なんです」「北海道から旅行で来ているのよ」と言われることも多く、都内には全国の方々がいらっしゃることにも気づかされます。「ごめんね。東京じゃないのよ」とおっしゃる皆さまに、「全国どこでも『幸福実現党』をお願いします！」と叫ぶ日々。「名古屋だけど入れるよ」と言ってくださるビジネスマンもいました。

全国の方が往来する東京都内で活動していたからか、訪れたことのない地方の街の方までも七海に投票してくださっていて、まだ見ぬ支援者に手を合わせるような気持ちでした。

２０１６年の参院選の直後には、東京都知事選にも出馬。さらに翌２０１７年の衆院選、２０１９年の参院選と、今までに5回の選挙を経験しました。

戦いを終えた後も支援者の皆さまに感謝を込めてあいさつをし、次回も支援をお願いして回る。お叱りをいただいてお詫びをし、励まされ立ち上がり……を何度も繰り返すうち、「私たちが戦い続ける意義」への確信は深まっていきました。

「幸福実現党が第一党にならないと未来はない」「国論を変える。世論を変える。

その先に日本が守られ、繁栄する未来がある」という絶対的な確信がなければ、何度も立ち上がることはできなかったでしょう。

負け惜しみと思われるかもしれませんが、私たちの戦いがわずかなりとも世の中を変えてきたという自負はあります。

２００９年に立党した時には、「国防強化」と主張しても、なかなか相手にされることはありませんでした。でも今は「北朝鮮のミサイルに対してどのように対応すべきか」といった国防の議論が当たり前のようになされるようになってきています。「減税」についても、「税収を上げるためには増税しないといけない」という〝常識〟がまかり通っていましたが、「減税しないと景気が良くならないし、税収も増えない」という意見も出てきました。

大川隆法総裁の提言は未来が見えすぎるために、その時には理解してもらえないこともありますが、数年経つと、「幸福実現党の言っていた通りになった」と言っていただくことも多く、大川総裁の言葉、提言によって、確実に未来が拓かれていることを実感します。

玄関先に思う

政治活動で住宅街を回っていると、本当にいろいろなことに気づかされます。庭先においてあるものから、ご家族の様子が浮かんできます。子供用の遊具や補助付きの自転車がある家は「小さなお子さんがいらっしゃるのかな」、杖が立てかけてあるお宅には「ご高齢の方が住んでいらっしゃるのかな。何人家族かな」などとイメージします。

停めてある自転車や自動車からも、一軒一軒のお宅の様子が垣間見えます。

そうしたお宅を訪ねてお困りごとを聞く活動を続けていくと、ほんとうに、お一人おひとりが、いろいろな苦労や事情を抱えながら、一生懸命生きていらっしゃるのだなと感じ、街の人たちになんとも言えない愛おしさがこみ上げてくる瞬間があるのです。

なんということもない住宅街や路地を歩いているだけなのに、大切な一人ひとりに会いに行ける喜びで、涙がこみ上げてくることがあります。

私や幸福実現党を支援してくださるかどうかに関係なく、この愛おしい人たちの暮らしが、何とかよくなるように、微力ながら何かをしたいという気持ちが、純粋にわいてきます。こうした訪問活動は、「人々を幸福にしたい」という政治家を志す上での原点に立ち返る活動でもあるのだと感じています。

出会う人みんなが愛おしい

政治活動は、どれだけ多くの人を受け容れ、愛することができるかという挑戦でもあります。

２０１６年の都知事選では、こんなこともありました。

選挙運動期間中は、20時までマイクを持って演説ができます。その日の最終演説や支援者の方へのあいさつを終えて車に戻ろうとしたとき、酔いが回った男性二人が肩を組み、私たちの方に近づいてきました。手には日本酒の瓶を持っています。

そして一人の方が「これ、飲めよ」と瓶を差し出してきたのです。一瞬戸惑うと「俺の酒が飲めないのか」と畳み掛けてこられたので、とっさに「いただきます」と両手を出しました。

丸めた手のひらに注がれた日本酒を飲み「おいしゅうございます」と言ったところ、「おう、よく飲んだ」「お前、いいやつだな。気に入った。応援するぞ」と、和やかな感じで去っていかれました。

一部始終を見ていた周りの支援者は一様に驚き、このエピソードは瞬く間に支援者や党のスタッフ内に広がったそうです。

ただ、その時の私には気負いや必死さなどはなく、きわめて自然な行動だったと思います。選挙運動中は「出会う人すべてが愛おしい」という気持ちが高まってきて、どんな人であっても受け容れられる気がするのです。

独特の感性が研ぎ澄まされ、演説をしていて目があった人はもちろん、目が合わなかった人にも、「あの人、聞いてくれている」と感じることがあります。どれだけ多くの方々に関心を持てるか、心から悩みや苦しみに寄り添えるのか、その器を試されているように思えるのです。

大川総裁の著書『成功の法』にはこう書かれています。

愛の思いとは、まず、他人に対する限りない関心です。（中略）愛の思いが本物になるためには、多くの人々への限りなき関心ということが、どうしても必要なのです。

『成功の法』

政治活動をしていると、反対の考えの方にもお会いします。共産主義の方や宗教は嫌いとおっしゃる方もそうですが、そうした考えを持つようになった背景や理由がきっとあります。たとえ考え方は違っても、その方の生きてこられた人生を、丸ごと尊重し理解したい。出会う方すべてに感謝と敬意をもって向き合いたい。そう思うのです。

ハグは作戦？

２０１６年の都知事選では、あいさつのつもりでしていたハグ。いつしか「七海ハグ」と呼ばれ、ハグは作戦だと言われたこともありました。

ハグは私の自然な感謝の表現です。ありがとうございますという気持ちや、会えてうれしい、話ができてうれしい、という気持ちが自然とハグになります。海外旅行や国際本部で出会った海外の方々とのコミュケーションを通じて習慣になっているので、私にとっては特別なことではなく、もちろん作戦でもありません。

しかし、ハグをきっかけにして、週刊文春の一面に写真を掲載していただいた

有権者お一人おひとりと触れ合い、その声に耳を傾ける。

り、週刊プレイボーイやネットニュースに取り上げていただいたりしたことは、ありがたい限りです。

街では多くの方に出会いますが、すべての人が神仏の子として愛されている。孤独で一人だと思っていても、神仏や天使が見守っているということをハグを通して伝えたいのです。

訪問が一人の人生観を変える

一回の訪問がきっかけとなって、人生観が変わることもあります。

文京区にて、あるお宅を訪問したところ、男性が対応してくださいました。お話しするうちに、一緒にごあいさつした支援者の息子さんとその男性の娘さんが同い年であることでご縁を感じていただき、より深く話ができるようになりました。

幸福実現党の国防政策や憲法改正の必要性をお伝えして「自分の国は自分で守らないと、日本はだめになってしまう」とお話しすると、深く賛同しながら聞いてくださいました。そして、ご自身がかつて朝日新聞で記者をされていたことを明かされ、次のように語られました。

「本当に幸福実現党の言う通りだ。私もずっと憲法改正は必要だと思っていた。朝日の報道スタンスは本当に間違っていた」

そして、選挙の時には幸福実現党への支持を求める「選挙ハガキ」を、かつての同僚や部下たちに出してくださったのです。

幸福実現党は、歴史観や国防政策をはじめ、朝日新聞のスタンスとは異なる点が多いため、その男性からハガキをもらった方々は驚いたそうで、「お前、一体どうしたんだ」「何があったんだ」というお電話があったそうです。それでもご本人は信念を持って、支持を訴えてくださいました。

また葛飾区では、地域の訪問活動で一人暮らしの85歳の男性との出会いがありました。幸福実現党の支持を訴えたところ、「以前は息子から勧められて大川総裁の講演テープを聞いていたことがあるんだ」と話してくださいました。

その男性は支援者の方の勧めで、幸福の科学の支部を訪れて信仰の道へ。直接総裁の話を聞く機会を得て、今では、自ら宗教活動のボランティアに参加されています。

一回の訪問がきっかけで、その人が今まで持っていた考え方、ひいては人生そのものまでガラッと変えてしまうことがあります。その意味で、政治活動はお一人おひとりの人生に触れ、変えていく力がある聖なる活動です。

選挙は感動の出会いの連続です。大変なこともたくさんありますが、こうした感動があるから、やめられないのです。

党総裁の潜在ファンとの出会い

幸福実現党は地方議員こそ39人（2020年1月末現在）いますが、まだ国会に議席がありません。しかし、ご指導くださる大川隆法総裁への信頼があるからこそ、国政選を戦わせていただいていると思います。

ある区で地域回りをしていた時には、共産党支持だという女性が「総裁の本、読んでるわよ」と声をかけてこられました。

その女性は批判をしながらも「法シリーズ全部読んだわよ」と畳みかけてこられます。大川総裁の主要な著書を全部読んでいらっしゃるというのは、やはり読まざるを得ないほど気になっているということでしょう。

他にも、すれ違いざまに「実は、総裁の本、親戚からもらって読んでいますよ」と笑顔で伝えてくださる方もいらっしゃいます。

高輪台でのミニ集会では、党員の方に誘われて参加された女性がいらっしゃり、こうおっしゃいました。

「以前、幸福の科学の映画を観たことがあって、その時は『中国が日本に侵略してくるなんて絶対にありえない』と思っていたけれど、最近は本当に中国共産党が危ないと危機感を感じています。私、幸福実現党を応援します！」

大川総裁の製作される映画は単なるエンターテインメントではなく、人類に未来を指し示し、啓蒙し、進むべき方途へと導くものだと改めて強く感じました。

その集会では、自分の国は自分で守る大切さや減税についてのやり取りが交わされていたのですが、「名前は知っていたけれど、もっと早く大川隆法総裁先生の講演会に行けていたらよかった。幸福実現党をこれからは支持するよ」と仰ってくださる70代くらいの男性も。人と人とのつながりを経て、政策内容を理解した上でご支持いただけることはこの上ない喜びです。

総裁の「潜在ファン」は想像以上にたくさんいるのだと実感します。でも、私たちの力不足で国政をまだ突破できていない。この溝をどう埋めていくかが、今後の課題だと思っています。

3. 偏向報道との戦い

存在を無視される悲しさと悔しさ

政治活動をしていて批判されるよりもつらいことがあります。それが関心を持ってもらえないこと。その意味で「偏向報道」には、何度も悔しい思いをさせられました。

同じように立候補し、選挙戦を戦っているのに、ある人は何度もマスコミに取り上げられ、別の人は無視される。「世の中を変えたい」と思って活動していても多くの人には伝わらない――。マスコミに取り上げてもらえないと、有権者の選択肢にはなかなか入ってこないのです。

もちろん、街頭で直接多くの人に訴えることで素晴らしい出会いもありました。今ではインターネットも普及していて、自由に発信はできるので「マスコミに報道されないから届かない」ことは言い訳に過ぎないと言われればその通りです。とはいっても、地上波マスコミの影響力はまだまだ強いのです。その強い存在に無関心をきめこまれ、存在を「なかったこと」にされる悔しさは、必死になればなるほど募ります。

党本部や全国の都道府県本部からもマスコミに対しては「公平な報道を」と訴え続けてきましたが、「政党要件を満たしていない」といった納得できない理由が返ってくるだけでした。

２０１９年の参院選では、政党要件を満たしている政党のみ政見放送の映像持ち込みが許可されました。そもそも政党要件とは政党交付金を渡す目安となるものであり、報道や政見放送映像の基準ではないはずです。政党の新規参入を阻む規制は、既得権益を守り政治を停滞させる悪法だと言えます。

放送法には「（放送番組の編集に当たっては）政治的に公平であること」（4条1項2号）と規定されており、公職選挙法では、「（選挙に関する報道又は評論について）表現の自由を濫用して選挙の公正を害してはならない」（151条の3但書）とあります。

民主主義が成り立つためには、国民が正しい情報を知ることが前提であり、国民の知る権利を侵害しているとも言えるのです。

国民一人ひとりの選ぶ自由を守るためには、選挙報道における偏向は、やはりあってはなりません。

都知事選での問題提起

２０１６年7月に行われた都知事選では21人の立候補者がいましたが、現知事の小池百合子氏、鳥越俊太郎氏、増田寛也氏には「主要３候補」として報道が集中し、他の18人の候補はほとんど報じられませんでした。３候補の主張は詳細に流れても、他の候補は申し訳程度に紹介される、といった具合です。

あまりの偏りぶりに、幸福実現党関係者が選挙運動期間中の２０１６年7月18日から22日の間、主要なニュース番組が東京都知事選における各候補をどれだけの時間放映したかを調査したところ、驚くべきことが分かりました。

放送時間の大半が小池氏、鳥越氏、増田氏に集中し、他の18人の候補者は、合計しても民放各社では３％程度の時間しか割かれていなかったのです。

偏向報道には多くの人が問題意識を抱いていました。公益社団法人「自由報道協会」は、選挙戦終盤の23日、都内で「２０１６東京都知事選挙共同記者会見」

を開催してくださり、「主要3候補」以外にも意見発表の場を提供してくれました。

この会見には候補者のうち8人が参加。私がこの会見で関係者から寄せられた下記データを提示したところ、会場からは驚きの声が上がりました。

このデータはインパクトがあったようで、他の候補者も街頭で紹介してくれました。さらに私を含めた「報道されない」候補者有志6人と共に、民放のテレビ4局と放送倫理・番組向上機構（BPO）に、報道姿勢を改めるよう求める連名の要求書・請求書を送ったのです。

その翌日、さっそくテレビ朝日が反応しました。

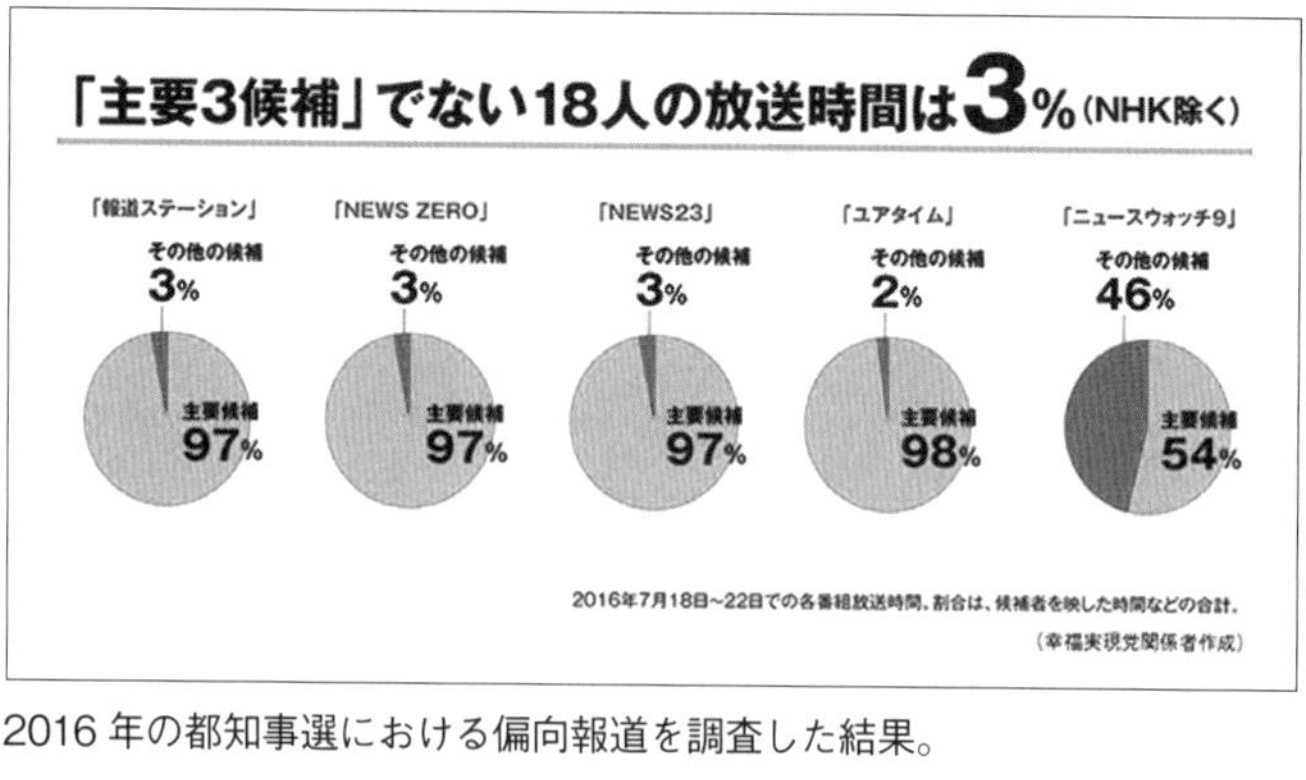

「主要3候補」でない18人の放送時間は3%（NHK除く）

「報道ステーション」 その他の候補 3% 主要候補 97%
「NEWS ZERO」 その他の候補 3% 主要候補 97%
「NEWS23」 その他の候補 3% 主要候補 97%
「ユアタイム」 その他の候補 2% 主要候補 98%
「ニュースウォッチ9」 その他の候補 46% 主要候補 54%

2016年7月18日～22日での各番組放送時間。割合は、候補者を映した時間などの合計。
（幸福実現党関係者作成）

2016年の都知事選における偏向報道を調査した結果。

「報道ステーション」では、それまでほとんど報じられなかった18人の候補者の主張を6分半ほどの時間を割いてすべて紹介し、逆に3候補は名前だけ紹介するという〝逆転現象〟が起きたのです。

翌朝街頭に立つと、驚くべきことが起きました。今も鮮明に覚えていますが、原宿の街で、道行く人たちがうわっと私のところに寄ってきて、「テレビで見たよ」「報道ステーション見たわよ」と声をかけてくださったのです。今まで、街頭演説の内容に反応してくださった方はいても、街頭に立つだけであれだけ大勢の方が寄ってきてくださったのは初めての経験です。キー局メディアの影響力の大きさを

〝主要候補〟以外を報じた「報道ステーション」。

まざまざと体感しました。

特定の政治家や政権を応援したり、逆に批判的な報道を行ったりすることで政治家の首を切ることも内閣を退陣に追い込むこともできるマスコミ権力は、今や事実上の第一権力となっているという指摘もありますが、それはまったく大げさな表現ではないと思います。

最近では、「マスコミ報道は偏っているので信頼ならない」という声も若い世代を中心に高まり、ネットメディアも広がってきてはいますが、それでも幅広い世代では地上波や大手紙の信頼はまだまだ根強いと感じます。

投票率の低下とマスコミ報道

2019年夏の参院選では、何度かメディア取材の申し入れがありました。某テレビ局の報道番組からは「一緒に街宣車に乗ってもよいですか」と密着取材の申し入れをいただき、ありがたいことなので「ぜひお願いします」と即答しました。

ところが当日の朝に担当者から「やっぱり、なしで」という連絡が。

後日、その報道番組では東京選挙区の特集が放送され、自民党、立憲民主党、国民民主党、日本維新の会の候補者が取り上げられており、私は写真と名前のみ紹介されました。

本当はここに入る想定で取材をしようとしたけれど、何らかの判断が働いたのかなと分かります。「もし、ここに一緒に取り上げていただいていたら……」と寂しく悔しい気持ちになりました。

私自身に「七海ひろこを報道したい」と思わせるような何かが足りないのかもしれません。テレビに出れば人気が出るというような実力がまだないことは自覚しています。それでも、「選挙に出ていることさえ知られていない」という状況は悔しいものです。

選挙終盤、NHKが夕方7時のニュースで、「消費税の減税」を訴えている選挙初日の私の映像を取り上げてくださった翌日には、街中で「NHKニュース見たよ」と複数の方から笑顔で声をかけていただきました。

もっと早くに報道してもらえていたら、もっと知ってもらえていたのでは……とまたも悔しい思いが募りました。

投票率が低いと「最近の人たちは政治に関心がない」と指摘されることもありますが、このような偏った意見だけを報じる選挙報道も一因だと思います。

幸福実現党の主張は、既成政党にはない魅力があります。国防を訴えつつ、同時に減税を訴えている、今までの日本にはなかった本物の保守政党です。

大川総裁の著書『鋼鉄の法』では、幸福実現党こそが世界の中道であり、アメリカでの共和党にあたると述べられています。

主張している内容が、今後の日本社会にどういう影響を与えるのか、国際標準で見てこの政党の言っていることは取り上げるべきなのかという正しい判断を、マスコミの皆さまには勇気を持ってしていただきたいものです。

そもそも選挙関連の報道が少なく、老後資金2千万円問題ばかりがクローズアップされていたことも、選挙への関心を薄れさせ投票率を下げさせる〝効果〟があったと思います。

マスコミ権力の濫用を戒める憲法試案

大川総裁が2009年の立党時に世に問われた「新・日本国憲法試案」では、マスコミ権力の位置づけを明確にしています。

〔第十二条〕　マスコミはその権力を濫用してはならず、常に良心と国民に対して、責任を負う。

『新・日本国憲法試案』

大川総裁は、この条文を入れた趣旨を、著書『新・日本国憲法試案』で、次のように説明しています。

公務員を罷免する権利は、国民固有の権利なのですが、現在は、週刊誌の権利であるかのようになっています。それだけ権力が増してきたら、やはり少しはチェックが必要であると思います。（中略）

マスコミが談合して報道内容を決めているような場合もあり、政治に

対する影響力も現実にはかなりあるので、権力の濫用を戒める必要があるのです。

『新・日本国憲法試案』

「言論の自由」「報道の自由」を錦の御旗としてきたマスコミは反発するでしょう。ただ、私はこの憲法試案は、マスコミも立法権、行政権、司法権の三権と並び、政治を左右する重要な使命を担っている存在なのだという位置づけを明確にした画期的なものであり、ある意味マスコミの「格」が上がったのではないかと感じています。

それだけ大きな使命があるならば、それ相応の義務を果たすべきではないでしょうか。

4. 託された志

幸福実現党への寄付に思う

私は現在、政党内で広報本部長、財務局長、東京都本部代表の役割をいただいておりますが、「財務」活動についてもお伝えしたいことがあります。

各党は、支援者からの寄付で運営をしています。いわゆる「公党」は、寄付に加えて政党助成金を受け取っていますが、幸福実現党にはそれがないばかりか、企業献金についても制限が設けられています。

各党の支援者の方々も、もちろん純粋な気持ちで寄付をされていらっしゃるとは思いますので失礼があってはいけませんが、公党に対する寄付のなかには、

「応援したら、多少は見返りがあるかな」「地元に道路をつくってもらえるかな」という思いも混じっているかもしれません。また、寄付控除も受けられます。

しかし、現段階では幸福実現党に寄付をしても寄付控除はありません（控除の対象となるのは、一部選挙戦における候補者個人への寄付のみです）。地元に橋や道路がつくられるといったような現実的な利益が得られるわけでもありません。私たちにあるのは純粋な志と情熱、未来を創る政策だけです。

応援に応えられずに誠に申し訳ないことではありますが、現実的な力を持たない私たちに寄付を続けてくださる方にはただひたすらに感謝しかありません。皆さまは、ただ、幸福実現党の主張に共鳴して、「世の中がよくなりますように」と祈りながら、人生をかけて大切なお金を託してくださるのです。

こうした皆さまの真心を思うからこそ、私たちは票のために志や主張を曲げることはできません。逆にいえば、主張を曲げることなく戦い続けることができるのは、多くの資金的な支えがあってこそなのです。

遺志を継いで――亡き支援者たちへの思い

ひたすら純粋な思いで寄付をくださった方々は本当にたくさんいらっしゃいますが、そのなかでも私にとって忘れられない方々が3人いらっしゃいます。

お一人は、和歌山県の女性経営者のKさんです。Kさんは大川総裁が立党された幸福実現党の理想に心から共感してくださっていました。「神様の心を実現する政党が幸福実現党。絶対に天下を取ります。天下を取るまで支え切ろうと心に決めています」と何度も何度もおっしゃいます。どんなことがあろうと、いつも「七海ちゃん、七海ちゃん、ぜったいがんばれ」「ぜったい、ぜったいや」と圧倒的な励ましをくださいました。

Kさんのお姿で印象的だったのは、寄付をする際にお金に「化粧まわし」をさされ、手づくりの玉手箱に入れてくださったことです。尊い活動にお金を差し出すことは、お金にとって最高の「晴れ舞台」なんだとおっしゃっていました。

さらにお金に「お役に立って何倍にもなって戻っておいで」と呼びかけるのです。富が循環して、何倍にもなって、多くの人を潤してまた戻ってくる。「一番よい使い方をしてくれる人のところにお金が届くと、お金もうれしくて、喜んで仕事をし、また何倍にもなって帰ってくるんだよ」「お金は人に喜ばれる仕事をすると必ず増えるからね」と、笑顔で語ってくださいました。お金の「悟り」というべき話に、私も大いに開眼させられました。「お金はどう使われたら喜ぶのか」というこの考え方は、今も大切にしています。

Kさんは2015年に亡くなられてしまうのですが、政党の飛躍の様子を見せて差し上げたかった。もちろん、天上界（天使や菩薩と呼ばれる心が清らかで高貴な魂が還る世界）で見てくださっているということは分かっているのですが、一緒に喜び合いたかった。

Kさんと一緒に買ったクリスマスの飾りは今でも私の部屋にあり、それを見るたびに励まされる思いがします。

Kさんが遺してくださったのは、寄付や励ましだけではなく、その精神です。「Kさんは今も幸福実現党を応援してくださっていると思う」と、いろいろな方がKさんの生前のお姿に感化されて、政治活動を支えようと後に続いてくださっています。

二人目は、愛媛県の経営者Mさんです。立党以来、Kさん同様に多大な貢献をしてくださったのですが、ご挨拶にお伺いするたびに、「今どうなっとるんだね」と熱い思いをぶつけてくださったことが印象的でした。

「政治は甘くないんだ」「候補者の擁立が遅い」「どうして勝てないんだ！　本

気なのか」などと叱ってくださいました。厳しい言葉の裏にはものすごく強い幸福実現党への期待と愛情があり、「私の目の黒いうちに、憲法改正を成し遂げてほしい」と繰り返し激励をくださったのです。私が迷ったり悩んだりした時、大きくブレないよう、常に初心に戻してくれる、そんな存在でした。

ところが、そんなMさんも2016年の参院選の直前にご病気で亡くなられてしまったのです。もっと長く一緒に戦いたかったし、もっと長生きしていただいて、幸福実現党が政権の一角に入り、憲法改正はもちろん、日本が大きく変わっていく姿を見てもらえると信じていたので、「こんなに早く逝ってしまわれるのですか」と、取り残されたようなとても寂しい気持ちでした。

申し訳ないことに告別式に間に合わず、ご家族や親しい皆さまと共に火葬場に行かせていただき、骨上げまでの長い時間を過ごしました。Mさんが次世代の若手経営者として期待をかけていらした方が「憲法改正を生きているうちに見たかったと言っていましたね」と述べられた弔辞の用紙を私にくださったのです。まさに「託されたバトン」でした。

幸福実現党の立ち上げ期に、多大な貢献をしてくださったMさんの思いは、計り知れないほど大きなものです。その思いを決して無にすることはできません。

今でもMさんが天上界からずっと見守り、期待してくださり、私が弱音を吐いていると叱ったり指導してくださったりするのを感じています。

三人目は、東京都のSさんです。企業経営者としてのご経験を生かし、東京都本部の初代幹事長として、活動を支え、盛り上げてくださった方です。

ご自身も衆院選に出馬されたSさん。「まずは全国の地方選で勝利しよう」と、東京23区で候補者を擁立するため、多忙なお仕事の合間を縫ってご尽力くださいました。候補者にふさわしいと思う方がいたら、説得に説得を重ねてくださいました。「候補者を出して戦わないとだめなんだ」という信念を持ち、組織を変えてくださいました。

さらには「政治にはお金が要る」と、ご自身が寄付をくださるのはもちろん、皆さんに政党寄付の意義を呼びかけてくださったのです。そんなSさんとのお別れは、２０１９年の桜の舞い散る４月。思いを持ってくださっていた統一地方選の直前でした。２０１８年に体調を崩されて入院されてはいましたが、いったん退院され回復に向かわれているように見えた矢先、本当に突然の別れでした。

統一地方選に向けた集会の時、いつも鬨（とき）の声を挙げてくださったSさんがいないことに気づいて改めて悲しみが胸に迫ります。東京都本部の皆さまは「Sさんの弔（とむら）い合戦だ」と燃え立ちました。２０１９年の４月の統一地方選では東京では当選者を出すことはできませんでしたが、Sさんの遺してくださった活動の遺伝子は今も根付いています。芽を出し、花咲かせる日はもうすぐです。

Sさんは仕事上、多くの政治家との交流もあった方ですが、「日本を変えるには、幸福実現党じゃなきゃダメなんだ」と常におっしゃっていました。集いや会議の後、満面の笑みを浮かべ、分厚くて温かい手で握手してくださるたび、なんとも言えない安心感をおぼえたものです。お子さまよりも年下の私に真剣に向き合ってくださった器の大きさ、愛情の深さを思い出すと、ありがたくて泣けてきます。

今も共に戦ってくださっているように感じる、いつまでも大切な存在です。

こうした方々から託された志を思う時、歩みを止めることはできないのです。

5. 宗教政治家を目指して

政治家である前に信仰者でありたい

政治は国民に夢を与えるものでありたいと思います。今、私たちは釈党首以下、「新しい夢を、あなたに。」というキャッチコピーを掲げて活動を展開していますが、これは、今の政治に夢を持てない方々への「新しい夢はここにあるんだ」という希望のメッセージでもあります。

日の丸を背負って戦うスポーツ選手の姿には心打たれ、子供たちも夢を描きます。一方、今の政治家のイメージと言えばどうでしょうか。少なくとも子供たちに夢を与えてくれるような存在とはかけ離れているのではないでしょうか。

もちろん政治家全員がそのような人だとは思いません。しかし、日本の未来のためには、多くの人が理想とできるような「政治家像」をつくっていかなければならないと思っています。その理想の政治家像が、「宗教政治家」です。

幸福実現党は政教分離違反ではないかという人もいますが、政治とは「まつりごと」とも言われるように、本来、神様の言葉を受け取り地上において実現する聖なる仕事です。そして日本は、古事記や日本書紀にあるように、古来より「祭政一致」の国なのです。

神々の声を素直に透明に受け取るためには、純粋な信仰心が必須です。また、政治はその判断によって多くの人々の運命を時に左右し、戦争などにおいては人命をかけた判断もしなければなりません。そのようなときに、人間心で判断するのではなく、神々の願いとひとつになれるように、神の御心を知り、そのお考えに人間の心を近づけていくという無限の努力が求められます。リンカン大統領が南北戦争開戦時に床にひたいをこすりつけて神に祈っていたというエピソードがあるように、極めて厳しい世界だと感じています。

だからこそ私は「政治家」である前に「信仰者」でありたいと思っています。

今の私をかたちづくっているものは、国師であり世界教師、そして創造主である大川隆法総裁、主エル・カンターレへの信仰です。

新しい宗教への信仰を語ると偏見や誤解に直面することもあります。しかし、私はこの信仰に出会って、生きる目的と意味を知り、人生で出会う方々への愛を学び、死後への不安がなくなり、心の自由と安らぎを得ることができました。

また、幸福の科学は自由な宗教でもあります。私は時折神社に参拝する姿をSNSにアップすることもあるのですが、「幸福さんは神社に行っていいんだ」「本当に自由なんだね」との反応に、私の方が驚くことがあります。

「自分たちの教えしか学んではいけない」「神社やお寺に参拝してはいけない」

などという宗教もあるのかもしれませんが、私たちは神様を信じる仲間を増やしたいのです。そして、信教の自由が守られ、さまざまな宗教が人々を幸福にするための努力を重ねていく世界をつくっていきたいのです。

宗教政党だから応援する

活動していると「幸福実現党は宗教政党だから票は入れない」とか「母体が宗教だから信じられない」と言われることもあります。

一方で、「幸福実現党が宗教政党だから」と、応援してくださる方が増えてきているのも肌で感じます。世田谷区の松陰神社前商店街を練り歩いた後で出会ったある方に投票依頼をすると、「期日前投票で幸福実現党に入れましたよ」と返してくださったことがありました。「どうして入れてくださったんですか」と伺うと、「大川さんの本を読んでいるから」と一言。

同じく世田谷区の千歳船橋では、すてきなマダムが「おたくの政策をね、いいなと思ってずっと見てきたのよ。でも宗教というのが引っかかってね」とおっしゃいます。

「世界ではドイツでもイギリスでも宗教政党は当たり前なんです。メルケル首相だって宗教政党ですし、トランプ大統領も神様の話をされますよね。宗教を信じているから、私たちは国防や香港支援など自分たちの票にならないとしても訴えているんです」そのようなやり取りをすると、その方は晴れ晴れとした表情になり、「分かったわ。ありがとう」と笑顔で買い物に向かわれました。実際に投票してくださったかどうかはわかりませんが、「宗教は必要だ」と心のどこかで感じていただけたのではないかと思います。

大川総裁の書籍が気になって仕方がない方、宗教政党であることを批判される方、さまざまにいらっしゃいますが、心の奥底では、信じられるものに巡り合いたいと願っておられるのを感じます。それは「信仰の本能」というべきものです。幸福実現党の活動を通して、日本中の皆さまの「信仰の本能」が呼び覚まされ、神様に愛されている喜びと感謝にあふれた心豊かな時代を到来させたいのです。

釈党首への思い

身内への称賛になってしまうことはお許しいただきたいのですが、私の宗教政治家のひとつのモデルが釈量子党首です。

釈党首と一緒に仕事をしていて感じるのは、とにかく「この国をよくしたい、この世界をよくしたい」と本気で思っている人だということ。自分の人生より、周りの人のことや神仏のことを一心に考え、大勢の人のために透明な涙を流す人なのです。

先日も、香港の民主化デモを応援するため、一緒に電車で街頭演説の場所に向かう時、香港で逮捕され、命を落とす若者たちを涙ながらに心配していました。寝る前には中国に弾圧されているウイグルの人たちのことに思いを馳せ、自分を奮い立たせているそうです。

世の中を変えたい、世界を変えたいと願い、それを実現するために日々、必死に勉強されています。一緒に出張に行った帰りの新幹線。党首のバッグには本がいっぱい詰め込まれていました。座ると同時に取り出された本には付箋がびっしり貼ってありました。とっても好奇心が強くて、いろいろなことに興味を持つのも、多くの人への愛と責任感ゆえなんだと感じます。

気さくで飾らないところも魅力です。後に続く人たちを見出し育てることに一生懸命です。何よりも、神仏への信仰心がまっすぐで揺らぐことがありません。

こんな政治家が国政で活躍するようになったら、日本の政治は激変するはずです。

富の創造と繁栄の日本へ

『富の創造法』という大川総裁の著書がありますが、「富の創造」という言葉は私にとっても魂が打ち震えるような重みがあります。

豊かさを肯定し、勤勉な努力と創意工夫を積み重ね、将来のために貯蓄して、それを循環させていく。そのように富を創造し、循環させていく人たちを日本からどんどん輩出していけるような政治を行っていきたいと思います。

富の分配ではなく創造こそ政治の使命です。そのための新しい経済原理をつくり出していくのも、目標の一つです。

激動の2020年が幕を開けましたが、『黄金の法』では次のように説かれています。

> 西暦二〇二〇年頃から二〇三七年頃にかけて、日本は現代のエルサレムとなり、世界のメッカとなるはずです。この時期が、日本の黄金時代となるでしょう。
>
> 『黄金の法』

今の日本を見てみると、幼い頃に描いていたようなキラキラとした夢のような未来社会にはなっていないようにも感じられます。しかし、日本には「黄金時代」に向けて時代を切り拓く力と使命があるのです。

そして、その舞台の中心は、間違いなく東京です。

2020年は東京オリンピック・パラリンピックが開催されます。

東京にアジア、アメリカ、南米、オセアニア、アフリカ、ヨーロッパ……世界中の方々が集まります。東京が全世界の繁栄の中心として強い磁力を持ち、感化し、スポーツのみならず生活や文化の面からも、希望と未来への夢や新しい文明への可能性を与えることになるはずです。世界中の人々が大きな期待を持って集ってくる日本は、「現代のエルサレム」であり「世界のメッカ」を彷彿とさせるものになるのかもしれません。

さらに東京五輪を契機に、東京を真なる「国際繁栄都市」「国際宗教都市」へと進化させていきたいと思うのです。

繁栄する都市には、必ず宗教があります。宗教があり、人々の間に信仰が根づいているからこそ、その都市は神仏に祝福される繁栄を実現できるのです。

歴史を見れば、聖徳太子は自ら彫り込んだ御仏を心の支えに戦われ、聖武天皇は光明皇后、行基菩薩と共に飢饉（ききん）や疫病に混沌とする大和の大地を救おうと大仏建立をされ、神道国家の日本に仏教の信仰の柱を立てられました。

ギリシャの民主主義的繁栄のもとにはソクラテスの宗教的哲学があり、ヨーロッパの経済繁栄にはキリスト教プロテスタントと結びついた資本主義の精神がありました。近年では、アメリカ政治は神を語り宗教を守るのは当たり前のことし、ロシアではプーチン大統領がロシア正教を復活させ、そのもとに国を発展させようとしています。

松下幸之助先生の著書『私の夢・日本の夢――21世紀の日本』（ＰＨＰ文庫）にも、「現代のエルサレム」として世界の宗教の中心となった21世紀の日本の姿が予言的に描かれています。

宗教心を取り戻すことが、日本が世界のリーダー国家となる最大の条件です。

〝TOKYO〟が「国際宗教都市」となり、「繁栄」の代名詞になるような時代。そんな時代を、一緒に創っていこうではありませんか。

あとがき

最後までお読みくださり、本当にありがとうございます。

「THE REAL EXORCIST（ザ リアル エクソシスト）」（映画『心霊喫茶「エクストラ」の秘密—The Real Exorcist—』主題歌、作詞 大川隆法）という大川咲也加さんの歌う曲を聴きながら、このあとがきを書いています。

Fight! Fight! Fight!
私の最後の戦いかもしれない。
敵は強い。
見たこともないほど強い。

この歌の歌詞に、幸福実現党の戦いが重なります。東京を、日本を覆い尽くそうとしている社会主義国家や福祉国家を目指す左翼的な思想、富を否定し貧しさの平等をもたらす共産主義思想と立ち向かっている気持ちになります。

戦いは、戦いは、戦いは、
決して敗れてはならないの。
私が負けたら、
誰が戦うの。

そう歌う言葉は、弱い自分に負けそうになる私を鼓舞し、貧困と戦争で苦しむ世界中の人々が今も幸福実現党を待っているんだと、何度も何度も教えてくれます。

神よ、仏よ、私の命を光に変えて。

日々の活動を通して出会うすべての方に、幸福実現党から発せられる希望を、光を、届けたい。幸福実現党がある限り、日本の繁栄は絶対に揺るがないんだとお伝えしたい。そのために人生の時間を使っていきたいと思うのです。

届けたい光とは、大川隆法総裁先生の教えです。

ゴールデン・エイジの幕開け、２０２０年が始まって以来、大川総裁は連日連夜、混迷を極める国際政治に対して世界を導く言葉を発信し続けてくださっています。不惜身命（ふしゃくしんみょう）、命惜しからずというそのお姿は、危機の時代において最大の希望であり、まさに救世主そのものです。この神の声を、神の声から紡（つむ）ぎ出される政策を、どこまで実現していけるかに、人類の未来はかかっているという責任を感じています。

そしてこの本を執筆しながら改めて深く気付かされたことがあります。

多くの皆さまの数限りない力をいただき、愛あふれる言葉に導かれてここまで生きてきたということ。そして、戦っているのは私ではなく、幸福実現党を応援してくださっている目には見えない神々、天使たちであり、その思いを受けて活動してくださっている党員・ご支援者のお一人おひとりであるということ。私はその戦いに守られながら、共に戦うことを許されているのだということです。

神々が共にあると信じられるからこそ、尽きない泉の如く、世界の愛のために、東京・日本の繁栄のために生きていきたいという力がみなぎってきます。

日本全国の街々に、幸福実現党の躍進を信じ支援し続け、今日も誰かに「幸福実現党をよろしくお願いします」と歩いて回ってくださっている方々の姿を思うと、心底勇気が湧いてきます。

数限りない多くの皆さまと共に戦っているからこそ。

私は決して負けないわ。

そう力強く宣言をし、前進することができます。

皆さまお一人おひとりのご存在に、感謝の気持ちでいっぱいです。

最後になりましたが、この本の執筆にあたり、本当に本当にお世話になった幸福実現党政調会長代理の小川佳世子さん、「ザ・リバティ」編集部の皆さま、広報本部・東京選対をはじめとする党本部の皆さま、そして励まし続け温かい助言をくださった釈量子党首に心から感謝申し上げます。また、本の発刊にあたりご協力くださった皆さま、本当にありがとうございます。

そして、本書の発刊という貴重な機会をお与えくださった大川隆法総裁先生に、

あとがき

心の底から感謝を捧げます。

日本全国、全世界の党員、支援者の皆さま、そしてこれから出会う皆さまへ。

宗教政治家を志すものとして、透き通った鏡のような心を限りなく求め、精進を重ねることをお誓い申し上げます。

２０２０年から２０３０年、この10年間が勝負です。どうかこれからも、戦い続ける幸福実現党を末永く応援してください。必ずや、幸福実現党が世に飛び立つ前から支援していてよかったと近い将来に思っていただけるよう、新しい繁栄の未来を切り拓く力となってまいります。

自助努力の精神と共に、皆さまお一人おひとりの無限の可能性が花開き、幸福が実現していくことを心から願っています。

感謝と決意を込めて

２０２０年1月17日　七海ひろこ

著＝**七海ひろこ**（ななみ・ひろこ）

幸福実現党広報本部長、財務局長。

1984年、東京生まれ。慶應女子高校、慶應義塾大学法学部政治学科を卒業後、ＮＴＴデータ勤務を経て、幸福の科学に入局。国際財務局長、国際エル・カンターレ信仰伝道局長、理事などを歴任。

心の力で豊かになろう

不況を吹き飛ばす７つの繁栄ビジョン

2020年3月2日　初版第1刷

著　者　七海ひろこ

発行者　佐藤直史

発行所　幸福の科学出版株式会社
〒107-0052 東京都港区赤坂2丁目10番8号
TEL（03）5573-7700
https://www.irhpress.co.jp/

印刷・製本　株式会社 研文社

落丁・乱丁本はおとりかえいたします

ISBN978-4-8233-0149-0　C0030
装丁・イラスト・写真© 幸福の科学

大川隆法シリーズ・**最新刊**

新しき繁栄の時代へ

地球にゴールデン・エイジを実現せよ

アメリカとイランの対立、中国と香港・台湾の激突、地球温暖化問題、国家社会主義化する日本――。混沌化する国際情勢のなかで、世界のあるべき姿を示す。

1,500円

アメリカには見えないイランの本心

ハメネイ師守護霊・ソレイマニ司令官の霊言

イランは独裁国家ではない――。司令官の「死後の心情」や最高指導者の「覚悟」、トランプ大統領の真の狙いなど、緊迫する中東情勢の深層が明らかに。

1,400円

イギリス・イランの転換点について

ジョンソン首相・ロウハニ大統領・ハメネイ師・トランプ大統領守護霊の霊言

ＥＵ離脱でイギリスは復活するのか？ 米とイランの和解はあるのか？ 各国の首脳に本心を訊く！ 安倍首相・グレタ氏守護霊、ガイアの霊言を同時収録。

1,400円

※表示価格は本体価格(税別)です。

富の創造法

豪華装丁 函入り

激動時代を勝ち抜く経営の王道

低成長期が30年近く続き、増税による消費不況が予想される今、企業は「正攻法」に立ち返るべきだ。日本を再度、勝ち組に戻すために編まれた経営書。

10,000円

自由・民主・信仰の世界

日本と世界の未来ビジョン

国民が幸福であり続けるために──。未来を拓くための視点から、日米台の関係強化や北朝鮮問題、日露平和条約などについて、日本の指針を明示する。

1,500円

トランポノミクス

アメリカ復活の戦いは続く

スティーブン・ムーア　アーサー・B・ラッファー 共著
藤井幹久　訳

トランプ大統領がツイッターで絶賛した全米で話題の書が、ついに日本語訳で登場! 政権発足からアメリカ経済の奇跡的な復活までの内幕をリアルに描く。

1,800円

※表示価格は本体価格(税別)です。

大川隆法ベストセラーズ・正義と秩序ある未来へ

いま求められる世界正義
The Reason We Are Here
私たちがここにいる理由

英語霊言
英日対訳

カナダ・トロントで2019年10月6日（現地時間）に行われた英語講演を収録。香港デモや中国民主化、地球温暖化、LGBT等、日本と世界の進むべき方向を語る。

1,500円

愛は憎しみを超えて
中国を民主化させる
日本と台湾の使命

中国に台湾の民主主義を広げよ——。この「中台問題」の正論が、第三次世界大戦の勃発をくい止める。台湾と名古屋での講演を収録した著者渾身の一冊。

1,500円

Love for the Future
未来への愛

英語霊言
英日対訳

過去の呪縛からドイツを解き放ち、中国の野望と第三次世界大戦を阻止するために——。ドイツ・ベルリンで開催された講演を、英日対訳で書籍化！

1,500円

大川隆法シリーズ・繁栄を呼ぶ経済政策

国家繁栄の条件

「国防意識」と「経営マインド」の強化を

現在の国防危機や憲法問題を招いた「吉田ドクトリン」からの脱却や、国家運営における「経営の視点」の必要性など、「日本の進む道」を指し示す。

1,500円

資本主義の未来

来るべき時代の「新しい経済学」

なぜ、いくら金利を下げても日本経済は成長しないのか？マルクス経済学も近代経済学も通用しなくなった今、「未来型資本主義」の原理を提唱する！

2,000円

日銀総裁 黒田東彦 守護霊インタビュー

異次元緩和の先にある 新しい金融戦略

二期目に入った日銀総裁の本心に迫る。日本経済復活の秘策と、中国軍事経済への対抗策とは。"新・黒田バズーカ"が日本を取り巻く諸問題を打ち砕く。

1,400円

※表示価格は本体価格(税別)です。

大川隆法ベストセラーズ・世界情勢を読む

イランの反論 ロウハニ大統領・ハメネイ師守護霊、ホメイニ師の霊言

なぜアメリカは、イランをテロ支援国家に仕立てるのか。イランの国家指導者たちの霊言、守護霊霊言を通して、混迷する中東情勢の真相と黒幕に迫る。

1,400円

守護霊インタビュー トランプ大統領の決意

英語霊言 英日対訳

北朝鮮問題の結末とその先のシナリオ

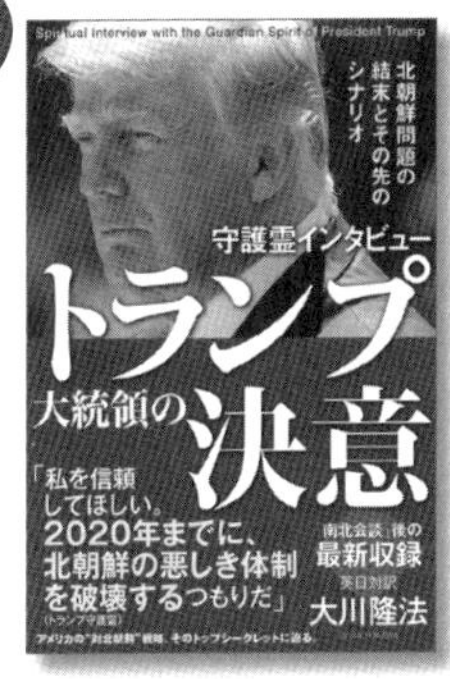

“宥和ムード”で終わった南北会談。トランプ大統領は米朝会談を控え、いかなるビジョンを描くのか。今後の対北朝鮮戦略のトップシークレットに迫る。

1,400円

自由のために、戦うべきは今

習近平 vs. アグネス・チョウ 守護霊霊言

今、民主化デモを超えた「香港革命」が起きている。アグネス・チョウ氏と習近平氏の守護霊霊言から、「神の正義」を読む。天草四郎の霊言等も同時収録。

1,400円

大川隆法 ベストセラーズ・幸福実現党シリーズ

幸福実現党宣言

この国の未来をデザインする

政治と宗教の真なる関係、「日本国憲法」を改正すべき理由など、日本が世界を牽引するために必要な、国家運営のあるべき姿を指し示す。

1,600円

政治の理想について

幸福実現党宣言②

幸福実現党の立党理念、政治の最高の理想、三億人国家構想、交通革命への提言など、この国と世界の未来を語る。

1,800円

政治に勇気を

幸福実現党宣言③

霊査によって明かされた北朝鮮の野望とは？気概のない政治家に活を入れる一書。諸葛亮孔明の霊言も収録。

1,600円

新・日本国憲法試案

幸福実現党宣言④

大統領制の導入、防衛軍の創設、公務員への能力制導入など、日本の未来を切り開く「新しい憲法」を提示する。

1,200円

夢のある国へ――幸福維新

幸福実現党宣言⑤

日本をもう一度、高度成長に導く政策、アジアに平和と繁栄をもたらす指針など、希望の未来への道筋を示す。

1,600円

※表示価格は本体価格（税別）です。

大川隆法ベストセラーズ・未来に夢のある政治を

夢は尽きない

幸福実現党 立党10周年記念対談

大川隆法　釈量子　共著

日本の政治に、シンプルな答えを―。笑いと熱意溢れる対談で、働き方改革や消費増税などの問題点を一刀両断。幸福実現党の戦いは、これからが本番だ！

1,500円

君たちの民主主義は間違っていないか。

幸福実現党 立党10周年・令和元年記念対談

大川隆法　釈量子　共著

日本の民主主義は55点! ?消費増税のすり替え、大義なきバラマキ、空気に支配される国防政策など、岐路に立つ国政に斬り込むエキサイティングな対談！

1,500円

繁栄の女神が語る TOKYO 2020

七海ひろこ守護霊メッセージ

「東京No.1宣言」を掲げる31歳の都知事候補の本心とビジョン、そして魂のルーツに迫る。都政の課題を打開する"目からウロコ"の構想が満載！

1,400円

※表示価格は本体価格(税別)です。

夢に、力を。

だから戦い続ける

釈量子　著

2019年参院選で日本列島を1万5800キロ駆け抜けた、幸福実現党・釈党首の政治エッセイ。これからも「宗教政党」として戦い続け、「夢」を実現していく決意を語る。

1,100円

未来をかけた戦い

日本と世界の未来ビジョン

釈量子　著

新聞の好評連載が書籍化！「なぜ宗教政党が必要なのか」などの疑問に真正面から答えた書き下ろしも充実。立党10年間で"実現"した政策の数々とは。

926円

繁栄の国づくり

日本を世界のリーダーに

釈量子　著

社会主義の危険性とは何か。「中国封じ込め」「消費増税凍結」「未来型投資」など、幸福実現党が目指す「自助努力からの繁栄」という国家ビジョンを語る。

926円